»Alle Vögel sind schon da!«

# »Alle Vögel sind schon da!«

## Gedichte

Herausgegeben von
Evelyne Polt-Heinzl und
Christine Schmidjell

Reclam

RECLAMS UNIVERSAL-BIBLIOTHEK Nr. 14653
2025 Philipp Reclam jun. Verlag GmbH,
Siemensstraße 32, 71254 Ditzingen
info@reclam.de
Umschlaggestaltung: Philipp Reclam jun. Verlag GmbH
Umschlagabbildung: Mark Catesby, »The Yellow Throated Creeper«
(1754) – Penta Springs Limited / Alamy Stock Foto,
»Dendroica Pinus, Kiefer warbler« (1729–32) – The Natural History
Museum / Alamy Stock Foto.
Druck und Bindung: Esser printSolutions GmbH,
Untere Sonnenstraße 5, 84030 Ergolding
Printed in Germany 2025
RECLAM, UNIVERSAL-BIBLIOTHEK und
RECLAMS UNIVERSAL-BIBLIOTHEK sind eingetragene Marken
der Philipp Reclam jun. GmbH & Co. KG, Stuttgart
ISBN 978-3-15-014653-8
reclam.de

# Inhalt

Vorwort . . . . . . . . . . . . . . . . . . . . 13

## Präludium

ANONYM
Das Federspiel, A.B.C. mit Flügeln . . . . . . 17

## Vogeluhr

EDUARD MÖRIKE
Ein Stündlein wohl vor Tag . . . . . . . . . . . 27

ANNETTE VON DROSTE-HÜLSHOFF
Die Lerche . . . . . . . . . . . . . . . . . . . 28

NORBERT C. KASER
der hahn . . . . . . . . . . . . . . . . . . . . 31

CHRISTINE BUSTA
Die Krähenuhr . . . . . . . . . . . . . . . . . 31

RICHARD DEHMEL
Der Stieglitz . . . . . . . . . . . . . . . . . . 32

YVAN GOLL
Die Kanarienvögel . . . . . . . . . . . . . . . 33

HERTHA KRÄFTNER
Im Amselruf vergeht der Tag . . . . . . . . . . 34

GERHARD FRITSCH
Das Gedächtnis der Krähen . . . . . . . . . . . 34

# Wie die Jahreszeiten ziehen

JOHANN WOLFGANG GOETHE
Frühlingsorakel . . . . . . . . . . . . . . 35

KARL KRAUS
»Alle Vögel sind schon da« . . . . . . . . . . 36

ROSE AUSLÄNDER
Der Kuckuck zaubert . . . . . . . . . . . . . 37

JOHANN WILHELM LUDWIG GLEIM
An die Schwalbe . . . . . . . . . . . . . . 38

NIKOLAUS LENAU
Der Kranich . . . . . . . . . . . . . . . . 39

PAULA LUDWIG
Wehe aber dem Vogel . . . . . . . . . . . . 41

THEODOR STORM
Herbst . . . . . . . . . . . . . . . . . . . 41

CHRISTINE LAVANT
Schneevögel betten in ihrem Gefieder . . . . . . 43

# Baumeister und Stadtflaneure

EDUARD MÖRIKE
Vogellied . . . . . . . . . . . . . . . . . . 44

ANTON WILDGANS
Das Nest . . . . . . . . . . . . . . . . . . 45

FRIEDRICH RÜCKERT
Kleiner Haushalt . . . . . . . . . . . . . . . 46

KARL KRAUS
Die Vogelstadt . . . . . . . . . . . . . . . 49

CHRISTINE BUSTA
Großstadtvögel . . . . . . . . . . . . . . . 49

CHRISTIAN MORGENSTERN
Der Großstadtbahnhoftauber . . . . . . . . 50

GEORG KREISLER
Gehn wir Tauben vergiften! . . . . . . . . . 51

FRIEDRICH NIETZSCHE
Vereinsamt . . . . . . . . . . . . . . . . . 52

## Am Wasser und in der Luft

GOTTHOLD EPHRAIM LESSING
Die Ente . . . . . . . . . . . . . . . . . . 54

RAINER MARIA RILKE
Die Flamingos . . . . . . . . . . . . . . . 55

JOACHIM RINGELNATZ
Pinguine . . . . . . . . . . . . . . . . . . 56

FRIEDERIKE MAYRÖCKER
die Vogel Kutsche . . . . . . . . . . . . . 57

JOHANNES BOBROWSKI
Der Adler . . . . . . . . . . . . . . . . . . 58

SARAH KIRSCH
Raben . . . . . . . . . . . . . . . . . . . . 59

ALBERT EHRENSTEIN
Der Wildschwan . . . . . . . . . . . . . . . 60

# Des Sängers Glück

CHRISTIAN FÜRCHTEGOTT GELLERT
Die Nachtigall und die Lerche . . . . . . . . . . 61

FERDINAND VON SAAR
Die Lerche . . . . . . . . . . . . . . . . . 62

JOHANN WILHELM LUDWIG GLEIM
Der Sperber und die Lerche . . . . . . . . . 63

THEODOR STORM
Die Nachtigall . . . . . . . . . . . . . . . . 64

REINER KUNZE
Junge Hähne . . . . . . . . . . . . . . . . 65

FRIEDRICH RÜCKERT
Der Drossel Schlag . . . . . . . . . . . . . 65

BERTOLT BRECHT
Es war einmal ein Rabe . . . . . . . . . 66

FRIEDERIKE MAYRÖCKER
auf eine jüngst gestorbene Nachtigall . . . . . . 67

MASCHA KALÉKO
Der Schwan . . . . . . . . . . . . . . . . . 68

SARAH KIRSCH
Die Vögel singen im Regen am schönsten . . . 68

# Aus dem Vogelleben

KURT SCHWITTERS
Zwölf Stunden kleines Vogelleben . . . . . . . 70

MASCHA KALÉKO
Kaka»du« und Kaka»Sie« . . . . . . . . . . . 71

ANASTASIUS GRÜN
Hochzeit der Vögel . . . . . . . . . . . . . . . 72

ERNST JANDL
eulen . . . . . . . . . . . . . . . . . . . . . . 73

HELGA M. NOVAK
trauert der Schwan . . . . . . . . . . . . . . . 74

ERICH FRIED
Zwei Vögel . . . . . . . . . . . . . . . . . . . 75

# Unter Menschen

CHRISTIAN MORGENSTERN
Der Papagei . . . . . . . . . . . . . . . . . . . 77

ROSE AUSLÄNDER
Der Vogel . . . . . . . . . . . . . . . . . . . . 78

WILHELM BUSCH
Die Meise . . . . . . . . . . . . . . . . . . . . 78

ERNST JANDL
der wahre vogel . . . . . . . . . . . . . . . . . 80

EMANUEL SCHIKANEDER
Der Vogelfänger bin ich ja . . . . . . . . . . . 81

THOMAS KLING
falknerei . . . . . . . . . . . . . . . . . . . . . 82

GEORG TRAKL
Gesang einer gefangenen Amsel . . . . . . . . . 82

FRIEDRICH HEBBEL
Der arme Vogel . . . . . . . . . . . . . . . . . 83

## Turteln und treu sein

HEINRICH HEINE
Ich steh auf des Berges Spitze . . . . . . . . . 84

RICARDA HUCH
Ein klein Vöglein wär' ich gern . . . . . . . . 85

CHRISTINE BUSTA
Die Möwe . . . . . . . . . . . . . . . . . . . . 85

BERTOLT BRECHT
Terzinen über die Liebe . . . . . . . . . . . . 86

NIKOLAUS LENAU
Im Frühling . . . . . . . . . . . . . . . . . . 87

JOHANN GABRIEL SEIDL
Die Taubenpost . . . . . . . . . . . . . . . . . 87

PAULA LUDWIG
Wer fängt die wilde Taube . . . . . . . . . . . 89

HELGA M. NOVAK
kann nicht steigen nicht fallen . . . . . . . . 90

IDA GERHARDT
Die Abweisung . . . . . . . . . . . . . . . . . 91

# Vogelbotschaften

ROSE AUSLÄNDER
Die Tauben . . . . . . . . . . . . . . . . 92

ERICH FRIED
Diese Tauben . . . . . . . . . . . . . . . 93

EDUARD MÖRIKE
Storchenbotschaft . . . . . . . . . . . . . . 94

GÜNTER KUNERT
Unterwegs nach Utopia I . . . . . . . . . . 95

FRIEDRICH RÜCKERT
Aus der Jugendzeit . . . . . . . . . . . . . 96

PAULA LUDWIG
An einen Dichter . . . . . . . . . . . . . . 97

# Unglücksraben und kuriose Vögel

RICARDA HUCH
Die Geier mästen sich . . . . . . . . . . . . 99

ERICH KÄSTNER
Der Pechvogel . . . . . . . . . . . . . . . 99

JOACHIM RINGELNATZ
Aus der Vogelkunde . . . . . . . . . . . . . 101

WOLF BIERMANN
Ballade vom preußischen Ikarus . . . . . . . 102

WILHELM BUSCH
Der Wetterhahn . . . . . . . . . . . . . . 103

GÜNTER GRASS
Die Vogelscheuchen . . . . . . . . . . . . . 104

ALFRED BRENDEL
  Bei Sonnenuntergang . . . . . . . . . . . . . . 105

CHRISTIAN MORGENSTERN
  Der Rauchvogel . . . . . . . . . . . . . . . . . 106

KLABUND
  Der Kiebitz . . . . . . . . . . . . . . . . . . 106

ERNST JANDL
  vogelgott . . . . . . . . . . . . . . . . . . . 107

MICHAEL LENTZ
  alles dasein ist ein vogel . . . . . . . . . . . 108

## Mutationen

VOLKER KRIEGEL
  Elefantenmeise, Papageienhund, Vogelbär . . . 111


Verzeichnis der Autorinnen und Autoren,
  Gedichte und Druckvorlagen. . . . . . . . . . 113
Verzeichnis der Gedichtüberschriften
  und -anfänge . . . . . . . . . . . . . . . . . . 127

# Vorwort

Weil es die Vögel gibt, kennt der Mensch den Traum vom Fliegen. Frei und unbeschwert durchpflügen sie unermüdlich jenes Element, das sich vom Menschen mit seiner erdenschweren Bodenhaftung nur mühsam, risikoreich und mit enormem apparativen Aufwand erobern lässt. Was sind schon Paragleiter, Düsenjets, Raketen oder andere Hilfsmittel verglichen mit den mutwilligen Flugstunden des Schwalbennachwuchses am sommerlichen Spätnachmittag.

Außerdem sind sie keck und gehören zu jenen Wildtieren, die sich dem urbanen Lebensraum am besten und artenreichsten angepasst haben. Das gilt nicht nur für die Tauben, die mit den Hygienebedürfnissen der Menschen leicht in Konflikt geraten – die Pestepidemien haben sich den zusammengeballten Großstadtherzen unheilbar eingeprägt. Jede noch so kleine Fläche genügt, der die Stadtplaner oder der Zufall als Verkehrsinsel, Hinterhof oder Minipark einige Bäume und Sträucher gönnen: schon ist die Voguhr samt eingebauter Jahreszeitenansage aufgezogen. Lange bevor der Winter zu Ende sein wird, verkünden es die unermüdlichen Reviermarkierungsgesänge der Amseln und Finken – die nicht mehr auf Winterfrische gen Süden reisen –, Meisen und Spatzen. Jeden Morgen beginnen sie ihr Tagwerk völlig unabhängig von den Amtszeiten der Stadtverwaltung schon lange vor der Müllabfuhr. Die Lerche allerdings, der literarisch am besten beleumundete ländliche Morgensänger, ist selten geworden; sie braucht große, weite Flächen zum Starten und Landen, wie sie heute fast nur noch für Menschenflugwerkzeug freigehalten werden.

Dort, wo Nistplätze knapp sind, hilft Erfindungsgabe. Ampeln zum Beispiel, das haben listige Arten bald herausgefunden, blinzeln zwar, sind aber definitiv keine Katzenaugen und strahlen wohlige Wärme ab. Im Herbst dann, wenn alle Jungen flügge sind und die singenden Gastarbeiter aus dem Süden den Heimflug angetreten haben, zeigen die Krähen auf dem Weg zu ihren Schlafbäumen laut krächzend und pünktlich die Abendstunde an.

Natürlich sind viele der traditionellen poetischen Vogelhymnen in der ländlichen Idylle angesiedelt, und sie haben ihren Reiz auch heute nicht verloren, selbst wenn sich das Verhältnis Mensch – Vogel ein wenig gelockert haben mag. Ihre Flugformationen etwa haben – vielleicht nur mangels kundiger Menschen – als Mittel zur Vorhersage des Kommenden ihren Nutzen für die Zukunftsforscher verloren. Für kurzfristige Wetterprognosen hingegen hat das Verstummen der gefiederten Sänger vor dem Sommergewitter oder die Flugroutenhöhe der Schwalben immer noch Aussagekraft.

Die Menschen neigen in ihrem Verhältnis zu Tieren stets zu Übergriffen, den Vögeln geht es da nicht besser. Die harmlosere Variante sind die sprachlichen, die sich zum Teil aus uralten Mythen oder Geschichten herschreiben. Deshalb gibt es allerhand kuriose Vögel und Absurditäten, deshalb muss der wundersame und formvollendete Rabe mit dem Unglück verbunden sein und der Rohrspatz ewig schimpfen; deshalb darf aber auch der Storch die Kinder bringen und die Taube seit alten Zeiten (erfolglos) den Frieden verkünden.

Gefährlicher werden der Tierwelt in der Regel die

menschlichen Essgewohnheiten, die etwa für das Hühnervolk oder die Zugvögel radikale Eingriffe in die Generationenfolge mit sich bringen. Prekär kann für Tiere immer auch das Unterhaltungsbedürfnis der Menschen werden. Das führt zu Hahnenkämpfen und Käfighaltung. Allen »gefiederten Freunden«, die in Gefangenschaft überleben und dabei noch schön singen oder gar sprechen, haben die Vogelfänger über die Jahrhunderte tückisch aufgelauert. Wie bei allen Haustieren können daraus im Einzelfall große Mensch-Tier-Freundschaften entstehen, aber angesichts der Gitterkäfige haftet ihnen hier doch etwas Einseitiges an.

Die Tauben haben sich domestizieren lassen und mit ihrer Diensteifrigkeit ein maximales Stück Freiheit und wohl auch Vogellebensqualität behaupten können. Als verlässliche Postboten haben sie über Jahrhunderte Briefe und Depeschen überbracht – dabei frei die Lüfte durchquerend wie der Aar. Möglich, dass sie an Tempo zulegen, wenn es einen Liebesbrief zu befördern gilt. Das passt zumindest vortrefflich in das menschliche Konzept der Turteltäubchen. Wie all diese Dinge aus der Vogelperspektive aussehen, das kann freilich niemand wissen – außer vielleicht die Dichter. Der Buchfink als ihr natürliches Schutztier muss allerdings erst als ihr natürliches Schutztier etabliert werden.

*Evelyne Polt-Heinzl*
*Christine Schmidjell*

# Präludium

ANONYM

## Das Federspiel,
## A. B. C. mit Flügeln

Wohl auf ihr klein Waldvögelein, die ihr in Lüften
schwebt,
Stimmt an, lobt Gott den Herren mein, singt all, die
Stimm erhebt;
Denn Gott hat euch erschaffen, sich selbst zu Lob und
Ehr,
Sang, Feder, Schnabel, Waffen, kommt alles von ihm
her.

### Adler

Der aller Vögel König ist, macht billig den Anfang,
Komm Adler! komm hervor, wo bist? stimm an den
Vogelsang,
Der Vorzug dir gebühret, kein Vogel ist dir gleich,
Drum dich im Wappen führet, der Kaiser und das
Reich.

### Bachstelz

Die Bachstelz tut oft schnappen, und fängt der
Mücken viel,
Es hört nicht auf zu knappen ihr langer Pfannenstiel,

Den Schweif tut sie stets zwingen, sie läßt ihm niemals
Ruh,
Wenn andre Vögel singen, schlägt sie den Takt dazu.

## Canarivogel

Das lieb Canarivögelein kömmt her aus fremdem
Land,
Es singt gar schön, zart, hell und rein, wie allen ist
bekannt,
Den Zucker frißt es gerne, doch nimmt es auch
vorlieb,
Wenn man ihm Hanfsamkerne, und Rübesamen gibt.

## Distelfink

Merk auf wie lockt so lieblich mit, der schöne
Distelfink,
Beißt Distel auf und sticht sich nit, sein Witz ist nit
gering,
Gar wohl ist er gezieret, schön gelb und rot bekleidt,
Sein Stimm er nie verlieret, singt fröhlich alle Zeit.

## Emmeriz

Der Emmeriz bis zum Abend spat, singt übel, übel
hin,
Er sagt, wenn's Feld nur Ähren hat, ich auch ein
Schnitter bin,
Im Feld tut er sich nähren, bleibt Tag und Nacht
darauf,
Was Gott ihm tut bescheren, das klaubt er fleißig auf.

## Fink

Des Morgens früh, des Abends spat, der Fink hat
keine Ruh,
Die Musen er ins Grüne lad't mit seinem Reit her zu,
Früh ist gar gut studieren, wenn's kühl, still, ruhig ist,
Steh auf und tu's probieren, du fauler ⎰ Prinzipist,
Grammatist,
Syntaxist,
Humanist.

Fröhlich der Fink im Frühling singt, sa sa, sa sa hui
Dieb,
Im ganzen Wald sein Stimm erklingt, wenn's Wetter
nicht zu trüb,
Die Dieb will er verjagen, die rund heraus er schilt,
Dem Sperling tut er sagen, daß er viel Weizen stiehlt.

## Gimpel

Ein roter, dir gar wohl bekannt, ist schön, doch singt
nicht viel,
Er kömmt aus deinem Vaterland, heißt Gimpel in der
Still,
All tun sich seiner schämen, weil er ein Gimpel ist,
Tu du ihn zu dir nehmen, weil du sein Landsmann
bist.

## Henne und Hahn

Die Henne fröhlich gaggagagt, und macht ein groß
Geschrei,
Die Bäurin weiß wohl, was sie sagt, und geht und holt
das Ei,

Der Hahn tut früh aufwecken den Knecht und faule
Magd,
Sie tun sich erst recht strecken, und schlafen bis es
tagt.

## Imme (Biene)

Das Honigsüße Immelein sich spät und früh bemüht,
Es sitzt auf allen Blümelein, versuchet alle Blüt,
Sehr emsig fliegt's herummer, trägt ein mit großem
Fleiß,
Und sucht den ganzen Sommer, auch für den Winter
Speis.

## Königlein (Zaunkönig)

Das winzigkleine Königlein, wie macht es sich so groß,
Wie zwitzert's mit sei'm Stimmelein, und ist so schlau
und los',
Wie lieblich tut es singen nach Wunsch und nach
Begehr,
Wie lustig tut es springen, wie hüpft es hin und her.

## Lerche

Das Lerchlein in den Lüften schwebt, und singt den
Himmel an,
Vom grünen Feld es sich erhebt, und tröst den
Ackermann,
Gar hoch tut es sich schwingen, daß man's kaum sehen
mag,
Im Kreis herum tut's singen, lob Gott den ganzen Tag.

## Meise

Die Meise hängt am Tannenast, als ob sie sich verberg,
Singt allezeit, was gibst, was hast, singt ewig Zizerberg,
Man tut ihr freundlich locken, bis sie zum Kloben
springt,
Da hüpft sie unerschrocken, bis man sie gar umbringt.


## Nachtigall

O Nachtigall dein edler Schall, bringt uns sehr große
Freud,
Dein Stimm durchstreift all Berg und Tal, zur schönen
Sommerzeit,
Wenn du fängst an zu zücken, die Vöglein schweigen
still,
Es läßt sich keiner blicken, keiner mehr singen will.


## Omeis (Ameise)

Du fauler Tropf, der müßig ist, die Ameis schau wohl
an,
Dein Meisterin sie worden ist, die dich viel lehren
kann,
Schau wie sie ist ergeben der Arbeit Tag und Nacht,
Schäm dich, der du dein Leben mit Faulheit
zugebracht.


## Papagei

Du Vogel auserlesen, der Federn hast du viel,
Wo bist so lang gewesen, warum schweigst du so still?
Papagei Zuckerfresser, ruft dir der Schulknab zu,
Geh in die Schul und lern besser, gibst ihm zur
Antwort du.

## Qu Qu

Qu qu der Kuckuck immer schreit, das ist an ihm das
Best,
Sonst legt er andern allezeit sein Eier in ihr Nest,
Sein Ruf bringt allen Bangen, drum will kein Vögelein
Mit einem Q anfangen den edlen Namen sein.

## Rabe

Der Rab tut täglich singen, sein groben rauhen Baß.
Heut will ihm nichts gelingen, drum singt er cras, cras,
cras,
Wer alles schiebt auf morgen, und nichts gerichtet
heut,
Der muß stets sein in Sorgen, daß es ihm fehle weit.

## Rotkehlchen

Das Rotkehlchen gar früh aufsteht, und wenn ich dann
erwach,
Grüßt es die liebe Morgenröt, hoch oben auf dem
Dach,
Wie lieblich ist sein Zücken, wie rötlich seine Kehl,
Mein Herz tut es erquicken, ermuntern meine Seel.

## Schwalbe

Schwätzerlein wie schwätzst so toll, und plauderst hin
und her,
Früh hast du Kisten und Kasten voll, Abends ist alles
le le leer,
Zu morgen eh die Sonn aufsteht, erzählst du deinen
Traum,
Und Abends wenn sie niedergeht, hast du geendet
kaum.

## Star

Der Star schwätzt, pfeift und singet, er ist's, der alles
kann,
In Kopf er alles bringet, nimmt, was er höret, an,
Er ist gar schlau und lose, und merket auf mit Fleiß,
Wäscht oft sein schwarze Hose, und bringt sie nimmer
weiß.

## Turteltaube

Die Turteltaub ohn allen Trost, will nicht mehr
fröhlich sein,
Wenn ihren Gesell der Habich stoßt, traurt sie und
bleibt allein,
Wenn dir das Liebste, das du hast, der Tod nimmt mit
Gewalt,
So traure, sei kein frecher Gast, vergiß es nicht so bald.

## Uhu

Der Uhu sieht gar ernsthaft aus, als hätt er hoch
studiert,
Geht nicht aus seiner Höhl heraus, bis Nacht und
finster wird,
All Dunkelheit ist ihm ganz hell, doch sieht er nichts
bei Tag,
Drum ist er auch ein solch Gesell, den nie kein Vogel
mag.

## Vogel Strauß

Der Vogel Strauß hat große Bein, doch klein ist sein
Verstand,
Es brütet ihm der Sonnenschein die Eier aus im Sand.

Oft Stein und Eisen er verschluckt, sein Magen der ist
gut,
Sein Federn sind der Weiber Schmuck, sie stecken's
auf den Hut.

## Wiedhopf

Der Wiedhopf ist sehr wohlgeziert, doch hat er keine
Stimm,
Sein Krönlein er stets mit sich führt, steckt doch nichts
hinter ihm,
Wie mancher hat viel Kleider, als wäre er ein Graf,
Sein Vater ist ein Schneider, sein Bruder hüt die Schaf.

## Zeisig

Komm her du schönes Zeiselein, komm fliege her
behend,
Sing, spring auf grünem Reiselein, und mach dem Lied
ein End,
Lob Gott den Herren mein und dein, tu fröhlich
singen ihm,
Ihn preisen alle Vögelein mit ihrer süßen Stimm.

Wohin geht all dies Dichten, du edles Federspiel,
Als daß wir alles richten zu gutem End und Ziel,
Daß wir im Herzen sorgen für einen guten Klang,
Wer weiß ob heut, ob morgen uns rührt der letzt
Gesang.

O sagt ihr lieben Vögelein, wer ist's der euch erhält,
Wo fliegt ihr hin, wo kehrt ihr ein, wenn Schnee im
Winter fällt,
Wo nehmt ihr eure Nahrung, so viel als ihr begehrt?
Es zeigt ja die Erfahrung, daß Gott euch all ernährt.

Ihr habt kein Feld, kein Heller Geld, nichts das die
Tasche füllt,
Der Tannebaum ist euer Zelt, trotz dem, der euch was
stiehlt,
Euer Pflug ist lustig singen, stets lobt ihr Gott den
Herrn,
Die Töne tut ihr schwingen bis zu dem Abendstern.

Ihr habt nicht Koch, nicht Keller, und seid so
wohlgemut,
Ihr trinkt nicht Muskateller, und habt so freudig Blut,
Nichts haben, nichts begehren, ist euer Liverei,
Ihr habt ein guten Herren, er hält euch alle frei.

Gott sei mein Herz auch heimgestellt, was er tut ist
getan,
Wenn Sonn und Mond vom Himmel fällt, er ist's, der
helfen kann,
Was lebt auf Erd, in Lüften schwebt, was sich im
Wasser rührt,
Gott all mit seinem Finger hebt, ohn alle Müh regiert.

Kein Sperling von dem Dache fällt, von meinem
Haupt kein Haar,
Es sei dann, daß ihm's wohlgefällt, der ewig ist und
war,
Er ruft dem Storch zu seiner Zeit, der Lerch, der
Nachtigall,
Er führ uns all zur Seligkeit, bewahr uns vor dem Fall.

Dort singt die rechte Nachtigall den rechten
Vogelsang,
Den ganzen weiten Himmelssaal durchstreicht ihr
Freudenklang,

Mit Freud dort ewig singen die Englein auf neun
Chör,
Vor Freud tut ewig springen das ganze Himmelsheer.

Musik dort ewig währet, zu lang doch keinem währt,
Je mehr sie wird gehöret, je mehr sie wird begehrt,
Wer Gott hier tut verehren, ihm dient mit Sang und
Klang,
Der wird dort ewig hören himmlischen Vogelsang.

# Vogeluhr

---

EDUARD MÖRIKE

## Ein Stündlein wohl vor Tag

Derweil ich schlafend lag,
Ein Stündlein wohl vor Tag,
Sang vor dem Fenster auf dem Baum
Ein Schwälblein mir, ich hört es kaum,
Ein Stündlein wohl vor Tag:

»Hör an, was ich dir sag,
Dein Schätzlein ich verklag:
Derweil ich dieses singen tu,
Herzt er ein Lieb in guter Ruh,
Ein Stündlein wohl vor Tag.«

O weh, nicht weiter sag!
O still, nichts hören mag!
Flieg ab, flieg ab von meinem Baum!
– Ach, Lieb und Treu ist wie ein Traum
Ein Stündlein wohl vor Tag.

ANNETTE VON DROSTE-HÜLSHOFF

## Die Lerche

Hörst du der Nacht gespornten Wächter nicht?
Sein Schrei verzittert mit dem Dämmerlicht,
Und schlummertrunken hebt aus Purpurdecken
Ihr Haupt die Sonne; in das Ätherbecken
Taucht sie die Stirn; man sieht es nicht genau,
Ob Licht sie zünde oder trink im Blau.

Glührote Pfeile zucken auf und nieder
Und wecken Taues Blitze, wenn im Flug
Sie streifen durch der Heide braunen Zug.
Da schüttelt auch die Lerche ihr Gefieder,
Des Tages Herold seine Liverei;
Ihr Köpfchen streckt sie aus dem Ginster scheu,
Blinzt nun mit diesem, nun mit jenem Aug;
Dann leise schwankt, es spaltet sich der Strauch,
Und wirbelnd des Mandates erste Note
Schießt in das feuchte Blau des Tages Bote:

»Auf! auf! die junge Fürstin ist erwacht!
Schlaftrunkne Kämmrer, habt des Amtes acht;
Du mit dem Saphirbecken Genziane,
Zwergweide du mit deiner Seidenfahne,
Das Amt, das Amt, ihr Blumen allzumal,
Die Fürstin wacht, bald tritt sie in den Saal!«

Da regen tausend Wimpern sich zugleich,
Maßliebchen hält das klare Auge offen,
Die Wasserlilie sieht ein wenig bleich,
Erschrocken, daß im Bade sie betroffen;
Wie steht der Zitterhalm verschämt und zage!

Die kleine Weide pudert sich geschwind
Und reicht dem West ihr Seidentüchlein lind,
Daß zu der Hoheit Händen er es trage.
Ehrfürchtig beut den tauigen Pokal
Das Genzian, und nieder langt der Strahl;
Prinz von Geblüte, hat die erste Stätte
Er, immer dienend an der Fürstin Bette.

Der Purpur lischt gemach im Rosenlicht,
Am Horizont ein zuckend Leuchten bricht
Des Vorhangs Falten, und aufs neue singt
Die Lerche, daß es durch den Äther klingt:
»Die Fürstin kömmt, die Fürstin steht am Tor!
Frischauf, ihr Musikanten in den Hallen,
Laßt euer zartes Saitenspiel erschallen,
Und, florbeflügelt Volk, heb an den Chor.
Die Fürstin kommt, die Fürstin steht am Tor!«

Da krimmelt, wimmelt es im Heidgezweige,
Die Grille dreht geschwind das Beinchen um,
Streicht an des Taues Kolophonium
Und spielt so schäferlich die Liebesgeige.
Ein tüchtiger Hornist der Käfer schnurrt,
Die Mücke schleift behend die Silberschwingen,
Daß heller der Triangel möge klingen;
Diskant und auch Tenor die Fliege surrt;
Und, immer mehrend ihren werten Gurt,
Die reiche Katze um des Leibes Mitten,
Ist als Bassist die Biene eingeschritten;
Schwerfällig hockend in der Blüte rummeln
Das Kontraviolon die trägen Hummeln. –
So tausendarmig ward noch nie gebaut
Des Münsters Halle, wie im Heidekraut

Gewölbe an Gewölben sich erschließen,
Gleich Labyrinthen ineinander schießen;
So tausendstimmig stieg noch nie ein Chor,
Wie's musiziert aus grünem Heid hervor.

Jetzt sitzt die Königin auf ihrem Throne,
Die Silberwolke Teppich ihrem Fuß,
Am Haupte flammt und quillt die Strahlenkrone,
Und lauter, lauter schallt des Herolds Gruß:

»Bergleute auf! Heraus aus eurem Schacht
Bringt eure Schätze, und du Fabrikant,
Breit vor der Fürstin des Gewandes Pracht,
Kaufherrn, enthüllt den Saphir, den Demant!«

Schau, wie es wimmelt aus der Erde Schoß,
Wie sich die schwarzen Knappen drängen, streifen,
Und mühsam stemmend aus den Stollen schleifen
Gewalt'ge Stufen, wie der Träger groß;
Ameisenvolk, du machst es dir zu schwer!
Dein roh Gestein lockt keiner Fürstin Gnaden.
Doch sieh die Spinne, rutschend hin und her,
Schon zieht sie des Gewebes letzten Faden,
Wie Perlen klar, ein duftig Elfenkleid;
Viel edle Funken sind darin entglommen;
Da kommt der Wind und häkelt es vom Heid,
Es steigt, es flattert, und es ist verschwommen. –

Die Wolke dehnte sich, scharf strich der Hauch,
Die Lerche schwieg und sank zum Ginsterstrauch.

NORBERT C. KASER

## der hahn

wenn der hahn sich erhebt
an jedem morgen
seinen kamm neu stellt
rot voller blut und fleisch
da werfe ich ihm steine nach
an jedem morgen
dem hahn in
seine federn

wenn der hahn sich erhebt
an jedem abend
seinen kamm noch stellt
wo er doch schlafen soll
da werfe ich ihm sand ins lid
an jedem abend
dem hahn daß
er schlafe

CHRISTINE BUSTA

## Die Krähenuhr

Wohllaut verschwistert die nah beieinander wohnen.
Du hörst meine Amseln nicht singen, stumm bleiben
mir deine,

aber die heiseren Krähen spannen den Bogen
ihrer Flüge täglich von dir zu mir.

Pünktliche Stundenweiser an meinem Fenster
schwärmen sie morgens herüber von deinen Hügeln,
aus den Wäldergenisten hinab in die Ebne am Strom.
Abends kehren sie wieder als schreiende Wolke.

Duld es, daß sie einander noch lange im Schlafbaum
schwarze, uralte Hungersagen erzählen.
Nachher ruhen die Himmel seltsam entleert.


RICHARD DEHMEL


## Der Stieglitz

Die Sonne sticht; ein Distelfeld
blitzt durch die stille Mittagswelt.
Im starrgezackten Blättermeer
glühn purpurlockig kreuz und quer
die Blütenköpfe.

Und durch den eisengrauen Busch:
ein bunter Vogel, hupp, hup husch,
hüpft durch das wilde Staudenheer,
als ob es ohne Stacheln wär:
ein junger Stieglitz.

Wie wirr! wie wunderlich geschweift!
Ein leichtes Lüftchen kommt und greift
von Blütenspeer zu Blütenspeer
und wirft die Schatten hin und her;
weg ist der Stieglitz.

Nun will ich stille weitergehn
und mir die sonnige Welt besehn,
und durch das Leben kreuz und quer,
als ob es ohne Stacheln wär;
das liebe Leben.


YVAN GOLL


## Die Kanarienvögel

Die Traurigsten des Sonntagnachmittags, die
                                    Kanarienvögel,
Schaukeln ihres Käfigs Geäste
Im blauverblichenen Walde der Tapeten.
O selbst die kleine Witwe, ihre alte Schwester,
Ließ sie allein: sie trug ihren Sommerhut
Behutsam in die Lindenstraße hinaus,
Mit all der Sehnsucht ihres schüchternen Herzens!
Auf seiner Photographie funkelt noch immer der
                                    Kavallerist,
Um die Lampe stürzen Wasserfälle der Sonne,
Die gelben Stimmchen aber verlangen zu fliegen, zu
                                    fliegen
Fern, fern ins Meer entglühender Wolken,
Schaukeln die eisernen, klirrenden Äste des Käfigs,
Die Traurigsten des Sonntagnachmittags, die einsamen
                                    Vögel.

Im Amselruf vergeht der Tag.
Die neue Nacht fällt in die Stunde.
Spürst du dein Herz in fremdem Schlag?
Erschrickst du vor dem Ruf der Hunde?

Der Mond ist dir kein Trost.
In Zimmerwinkeln lauern Träume.
Der Spiegel zeigt Gestalten, die du flohst.
Vor deinem Fenster drohn dir Bäume.

Verzehr dich nicht nach einem andern Haus.
Die Nacht ist allen gleich. Die Treppen
befremden dich und Gänge schleppen
Vergangenes. Unruh läßt dich nicht aus.


GERHARD FRITSCH


Das Gedächtnis der Krähen

Sie kommen
jeden Abend aus jeder Landschaft,
weil ich als Kind nie vergessen habe,
in jeden Buntstifthimmel
meiner Zeichnungen einen Schwarm
schwarzer Schwingen zu setzen.

# Wie die Jahreszeiten ziehen

JOHANN WOLFGANG GOETHE

## Frühlingsorakel

Du prophetscher Vogel du,
Blütensänger, o Coucou!
Bitten eines jungen Paares
In der schönsten Zeit des Jahres
Höre, liebster Vogel du;
Kann es hoffen, ruf ihm zu:
Dein Coucou, dein Coucou,
Immer mehr Coucou, Coucou.

Hörst du! ein verliebtes Paar
Sehnt sich herzlich zum Altar;
Und es ist bei seiner Jugend
Voller Treue, voller Tugend.
Ist die Stunde denn noch nicht voll?
Sag, wie lange es warten soll!
Horch! Coucou! Horch! Coucou!
Immer stille! Nichts hinzu!

Ist es doch nicht unsre Schuld!
Nur zwei Jahre noch Geduld!
Aber, wenn wir uns genommen,
Werden Pa-pa-papas kommen?
Wisse, daß du uns erfreust,
Wenn du viele prophezeist.

Eins! Coucou! Zwei! Coucou!
Immer wieder Coucou, Coucou, Cou.

Haben wir wohl recht gezählt,
Wenig am Halbdutzend fehlt.
Wenn wir gute Worte geben,
Sagst du wohl, wie lang wir leben?
Freilich, wir gestehen dirs,
Gern zum längsten trieben wirs.
Cou Coucou, Cou Coucou,
Cou, Cou, Cou, Cou, Cou, Cou, Cou, Cou, Cou.

Leben ist ein großes Fest,
Wenn sichs nicht berechnen läßt.
Sind wir nun zusammen blieben,
Bleibt denn auch das treue Lieben?
Könnte das zu Ende gehn,
Wär doch alles nicht mehr schön.
Cou Coucou, Cou Coucou :|:
Cou, Cou, Cou, Cou, Cou, Cou, Cou, Cou, Cou.

Mit Grazie in infinitum

KARL KRAUS

»Alle Vögel sind schon da«

Das Zimmer schweigt und vor dem Fenster
brütet der Sonntag seinen Plan,
führt auf dies stumme Ab und An,
die Pantomime der Gespenster.

Und rechts und links in meinem Zimmer
hängt was gewesen an der Wand,
ein toter Freund reicht seine Hand
und was gewesen ist, bleibt immer.

Es schweigt mich an wie eine Sage,
ein jedes Ding von seinem Ort.
Die heimgegangne Göttin dort
ruft des Geschlechtes heilige Klage.

Wie laut wird alles, was da schweigt.
Nun bin ich schon im frühsten Alter.
Da wird die Stille rings zum Psalter,
zu dem des Nachbars Junge geigt.

Des ersten Frühlings Glückerleben
wird wieder mir so greifbar nah.
Ach, »alle Vögel sind schon da«!
Ich seh' sie durch das Zimmer schweben.


ROSE AUSLÄNDER


Der Kuckuck zaubert

Der Kuckuck im Laub
zaubert sein Ritual
mit geübter Zweisilbigkeit
Deutlich hört man seinen
magischen Mund den
Sommer beschwören

Die Wetterfee hält
im Ausland den Schnee gefangen
Sonnenlachen weiten sich
zu Seen wo Weiden baden
und Schwalben

Im Nest rührt sich das Ei
erwacht in Pans Arm
die Nachtigall

Der Mücken ephemeres Ballett
schreibt helle Kreise
aufs unvergängliche Luftblatt


JOHANN WILHELM LUDWIG GLEIM


An die Schwalbe

Liebe Kleine, kommst du wieder
Zu dem Alten, der dich liebt
Und für deine süßen Lieder
Dir so gern ein Obdach gibt?

Sei willkommen, liebe kleine
Wiederkommerin; du bringst
Mir die wärmern Sonnenscheine,
Welche du so schön besingst.

Singen kannst du, kannst nicht sprechen:
Das ist schade; sonst fragt' ich

Nach den Strömen, nach den Bächen,
Die du sahst, du Liebe, dich.

An dem einen und dem andern
Wohnt ein lieber Freund von mir.
Du kannst fliegen, ich nur wandern;
Sieh, sonst flög' ich oft mit dir.

Lerne sprechen, liebe Kleine!
Wenn du's kannst, dann nenn' ich dir
Meine lieben Freund' am Rheine,
Und du grüßest sie von mir.

NIKOLAUS LENAU

## Der Kranich

Stoppelfeld, die Wälder leer;
Und es irrt der Wind verlassen,
Weil kein Laub zu finden mehr,
Rauschend seinen Gruß zu fassen.

Kranich scheidet von der Flur,
Von der kühlen, lebensmüden,
Freudig ruft er's, daß die Spur
Er gefunden nach dem Süden.

Mitten durch den Herbstesfrost
Schickt der Lenz aus fernen Landen
Dem Zugvogel seinen Trost,
Heimlich mit ihm einverstanden.

O wie mag dem Vogel sein,
Wenn ihm durch das Nebeldüster
Zückt ins Herz der warme Schein,
Und das ferne Waldgeflüster!

Und im Fluge übers Meer
Stärket ihn der Duft der Auen;
O wie süß empfindet er
Ahnung, Sehnsucht und Vertrauen!

Nebel auf die Stoppeln taut;
Dürr der Wald; – ich duld es gerne,
Seit gegeben seinen Laut
Kranich, wandernd in die Ferne.

Hab ich gleich, als ich so sacht
Durch die Stoppeln hingeschritten,
Aller Sensen auch gedacht,
Die ins Leben mir geschnitten;

Hab ich gleich am dürren Strauch
Andres Welk bedauern müssen,
Als das Laub, vom Windeshauch
Aufgewirbelt mir zu Füßen:

Aber ohne Gram und Groll
Blick ich nach den Freudengrüften,
Denn das Herz im Busen scholl,
Wie der Vogel in den Lüften;

Denn das Herz in meiner Brust
Ist dem Kranich gleich geartet,
Und ihm ist das Land bewußt,
Wo mein Frühling mich erwartet.

PAULA LUDWIG

Wehe aber dem Vogel – der die Stunde
  des Aufbruchs versäumt hat!
Zusehen muß er nun: wie er überwintert
  unkundig der Kälte
  der grausamen Härte der Zeit!
Einzig herangereift sind ihm die bitteren
Beeren des Geduldstrauchs –
Ein brüchig Gebirge – das jählings zutal kommt
erschreckt ihn –

Nicht minder die völlige Leere der Landschaft

THEODOR STORM

Herbst

I

Schon ins Land der Pyramiden
Flohn die Störche übers Meer;
Schwalbenflug ist längst geschieden,
Auch die Lerche singt nicht mehr.

Seufzend in geheimer Klage
Streift der Wind das letzte Grün;
Und die süßen Sommertage,
Ach, sie sind dahin, dahin!

Nebel hat den Wald verschlungen,
Der dein stillstes Glück gesehn;
Ganz in Duft und Dämmerungen
Will die schöne Welt vergehn.

Nur noch einmal bricht die Sonne
Unaufhaltsam durch den Duft,
Und ein Strahl der alten Wonne
Rieselt über Tal und Kluft.

Und es leuchten Wald und Heide,
Daß man sicher glauben mag,
Hinter allem Winterleide
Lieg' ein ferner Frühlingstag.


2

Die Sense rauscht, die Ähre fällt,
Die Tiere räumen scheu das Feld,
Der Mensch begehrt die ganze Welt.


3

Und sind die Blumen abgeblüht,
So brecht der Äpfel goldne Bälle;
Hin ist die Zeit der Schwärmerei,
So schätzt nun endlich das Reelle!

Schneevögel betten in ihrem Gefieder
fromm jede einzelne Feder zurecht
und Wiesel in schneeweißen Bälgern
ertanzen den sanftesten Nackensprung
zwischen Unkraut und Kraut.

Ich bette mich streng für den Winter zurecht
und bette mich so, daß mein Nackenmal
ganz unverstellt dir ersichtlich wird,
wenn Kraut und Unkraut vergehen.

EDUARD MÖRIKE

## Vogellied

Mit einem leeren Vogelnest, welches dem Distelfinken meiner
Schwester zum Scherz in den Käfig gelegt wurde.

Es ist zwar sonsten nicht der Brauch,
    Daß man 's Nestchen baut,
Bevor man erst ein Weiblein auch
    Sich angetraut:
      Zirri Zirrli!
    Erst ein Schätzchen,
    Dann ein Plätzchen,
      Zirri!
Am Birnbaum oder am Haselstrauch.

Allein ich dacht, du baust einmal
    Auf gut Glück.
Schaden kann es auf keinen Fall;
    Zirrwick Zirrliwick!
Gefällt's Ihr nicht, meine Jungfer Braut,
Es ist gleich wieder umgebaut.

## Das Nest

Pascol

Im kahlen Rosenstrauche hängt ein Nest.
O, einst im Lenz, wie quoll daraus und drang,
Wenn Atzung war, geschwätziger Überschwang
Zwitschernder Brut, erfüllend das Geäst!

Nur  e i n e  Feder blieb als armer Rest
Und haftet, vor dem Raub der Lüfte bang,
Gleich einem Traume, den die Seele lang
Festhalten will und endlich doch entläßt.

Und zu der Erde wendet sich die Schau
Vom Himmel ab, wo längst kein Liederklang
Mehr strahlend aufsteigt und zerstiebt im Blau.

Verweht von welken Laubes Niedergang
Sind alle Gründe. Durch das ewige Grau
Weint wie in Wellen weher Windgesang.

## Kleiner Haushalt

Einen Haushalt klein und fein
Hab ich angestellt;
Der soll mein Freund sein,
Dem er wohlgefällt.

Der Specht, der Holz mit dem Schnabel haut,
Hat das Haus mir aufgebaut;
Daß das Haus beworfen sei,
Trug die Schwalbe Mörtel bei,
Und als Dach hat sich zuletzt
Obendrauf ein Schwamm gesetzt.

Drinnen die Kammern
Und die Gemächer,
Schränke und Fächer,
Flimmern und flammern;
Alles hat mir unbezahlt
Schmetterling mit Duft bemalt.

O wie rüstig in dem Haus
Geht die Wirtschaft ein und aus.

Wasserjüngferchen, das flinke,
Holt mir Wasser, das ich trinke;
Biene muß mir Essen holen,
Frage nicht, wo sie's gestohlen.

Schüsseln sind die Eichelnäpfchen,
Und die Krüge Tannenzäpfchen,

Messer, Gabel,
Rosendorn und Vogelschnabel.

Storch im Haus ist Kinderwärter,
Maulwurf Gärtner,
Und Beschließerin im Häuslein
Ist das Mäuslein.

Aber die Grille
Singt in der Stille,
Sie ist das Heimchen, ist immer daheim,
Und weiß nichts, als den einen Reim.

Doch im ganzen Haus das Beste
Schläft noch feste.

In dem Winkel, in dem Bettchen,
Zwischen zweien Rosenblättchen,
Schläft das Schätzchen Tausendschönchen,
Ihr zu Fuß ein Kaiserkrönchen.
Hüter ist Vergißmeinnicht,
Der vom Bette wanket nicht;
Glühwurm mit dem Kerzenschimmer
Hellt das Zimmer.

Die Wachtel wacht
Die ganze Nacht,
Und wenn der Tag beginnt,
Ruft sie: Kind! Kind!
Wach auf geschwind.

Wenn die Liebe wachet auf,
Geht das Leben raschen Lauf.

In seidnen Gewändern,
Gewebt aus Sommerfaden,
In flatternden Bändern,
Von Sorgen unbeladen.
Lustig aus dem engen Haus
Die Flur hinaus.

Schönen Wagen
Hab ich bestellt,
Uns zu tragen
Durch die Welt.

Vier Heupferdchen sollen ihn
Als vier Apfelschimmel ziehn;
Sie sind wohl ein gut Gespann,
Das mit Rossen sich messen kann;
Sie haben Flügel,
Sie leiden nicht Zügel,
Sie kennen alle Blumen der Au,
Und alle Tränken von Tau genau.

Es geht nicht im Schritt;
Kind, kannst du mit?
Es geht im Trott!
Nur zu mit Gott!

Laß du sie uns tragen
Nach ihrem Behagen;
Und wenn sie uns werfen vom Wagen herab,
So finden wir unter Blumen ein Grab.

## Die Vogelstadt

Aus Libyen kamen plötzlich brausend
von Kranichen etliche dreißigtausend,
sie trugen die Steine in den Kröpfen,
die siebentausend Ibisse behauten,
als ob sie an Pyramiden bauten,
dazu fünftausend Taucher mit Töpfen
die konnten jenen das Wasser reichen;
und zehntausend Störche zum Ziegelstreichen,
sie machten ihre Arbeit nicht übel,
dann dreitausend Reiher mit Lehm im Kübel,
den manipulierten mit ihrem Bein
zweitausend Gänse als Schaufler hinein;
tausend Enten im Schurzfell trugen die Ziegel,
die Schwalben rührten gleichfalls die Flügel
und führten die Kelle, und unsre Sperber
waren diesmal auch keine Spielverderber;
achthundert Spechte behauten die Tore,
der Schall ihrer Hiebe dröhnt mir im Ohre.


CHRISTINE BUSTA

## Großstadtvögel

Lang schon vermiß ich über den Dächern
das Schwirren der Schwalbenpfeile,
die Sommer erblinden.

Karg sind die Tage gefiedert,
verstümmelt die Litaneien
der süßen und streitbaren Stimmen.

Taube und Sperling im Stein,
Amsel und Krähe im Rauch.

Letzte Legende der bloßen Füße
in einer Handvoll Schnee.


CHRISTIAN MORGENSTERN


## Der Großstadtbahnhoftauber

(Eine Zivilisationsballade)

Der Großstadtbahnhoftauber pickt,
was Gott sein Herr ihm fernher schickt.

Aus Salzburg einen Zehntel Kipfel,
aus Frankfurt einen Würstchen-Zipfel.

Aus Bozen einen Apfelbutzen
und ein Stück Käs aus den Abruzzen.

So nimmt er teil, so steht er gleich
wer immer wem im Deutschen Reich

und außerhalb und überhaupt,
so weit man an dergleichen glaubt.

GEORG KREISLER

## Gehn wir Tauben vergiften!
### Ein Wienerlied

Schatz, das Wetter ist wunderschön,
da leid ichs nicht länger zu Haus.
Heute muß man ins Grüne gehn,
in den bunten Frühling hinaus.
Jeder Bursch und sein Mäderl,
mit einem Freßpakederl,
sitzen heute im grünen Klee.
Schatz, ich hab eine Idee:

Schau, die Sonne ist warm und die Lüfte sind lau,
gehn wir Tauben vergiften im Park!
Die Bäume sind grün und der Himmel ist blau,
gehn wir Tauben vergiften im Park!
Wir sitzen zusamm' in der Laube
und ein jeder vergiftet a Taube.
Der Frühling, der dringt bis ins innerste Mark
beim Taubenvergiften im Park.

Schatz, geh bring das Arsenik her,
das tut sich am besten bewährn.
Streus auf ein Grahambrot kreuz über quer,
und nimms Scherzel, das fressens so gern.
Erst verjagen wir die Spatzen,
denn die tun ein' alles verpatzen.
So ein Spatz ist zu g'schwind, der frißts Gift auf
                                    im Nu,
und das arme Tauberl schaut zu.

Ja, der Frühling, der Frühling, der Frühling ist hier,
gehn wir Tauben vergiften im Park!
Kanns geben im Leben ein größeres Pläsier
als das Taubenvergiften im Park?
Der Hansl geht gern mit der Mali,
denn die Mali, die zahlts Zyankali.
Die Herzen sind schwach und die Liebe ist stark
beim Taubenvergiften im Park.
Nimm für uns was zu Naschen –
in der anderen Taschen!
Gehn wir Tauben vergiften im Park!


FRIEDRICH NIETZSCHE


Vereinsamt

Die Krähen schrein
Und ziehen schwirren Flugs zur Stadt:
Bald wird es schnein –
Wohl dem, der jetzt noch – Heimat hat!

Nun stehst du starr,
Schaust rückwärts ach! wie lange schon!
Was bist du Narr
Vor Winters in die Welt entflohn?

Die Welt – ein Tor
Zu tausend Wüsten stumm und kalt!
Wer das verlor,
Was du verlorst, macht nirgends halt.

Nun stehst du bleich,
Zur Winter-Wanderschaft verflucht,
Dem Rauche gleich,
Der stets nach kältern Himmeln sucht.

Flieg, Vogel, schnarr
Dein Lied im Wüsten-Vogel-Ton! –
Versteck, du Narr,
Dein blutend Herz in Eis und Hohn!

Die Krähen schrein
Und ziehen schwirren Flugs zur Stadt:
– bald wird es schnein,
Weh dem, der keine Heimat hat!

# Am Wasser und in der Luft

GOTTHOLD EPHRAIM LESSING

## Die Ente

Ente, wahres Bild von mir,
Wahres Bild von meinen Brüdern!
Ente, jetzo schenk ich dir
Auch ein Lied von meinen Liedern.

Oft und oft muß dich der Neid
Zechend auf dem Teiche sehen.
Oft sieht er aus Trunkenheit
Taumelnd dich in Pfützen gehen.

Auch ein Tier – – o das ist viel!
Hält den Satz für wahr und süße,
Daß, wer glücklich leben will,
Fein das Trinken lieben müsse.

Ente, ists nicht die Natur,
Die dich stets zum Teiche treibet?
Ja, sie ists; drum folg ihr nur.
Trinke, bis nichts übrig bleibet.

Ja, du trinkst und singst dazu.
Neider nennen es zwar schnadern;
Aber, Ente, ich und du
Wollen nicht um Worte hadern.

Wem mein Singen nicht gefällt,
Mag es immer Schnadern nennen.
Will uns nur die neidische Welt
Als versuchte Trinker kennen.

Aber, wie bedaur ich dich,
Daß du nur mußt Wasser trinken.
Und wie glücklich schätz ich mich,
Wenn mir Weine dafür blinken.

Armes Tier, ergib dich drein.
Laß dich nicht den Neid verführen.
Denn des Weins Gebrauch allein
Unterscheidet uns von Tieren.

In der Welt muß Ordnung sein.
Menschen sind von edlern Gaben.
Du trinkst Wasser, und ich Wein:
So will es die Ordnung haben.


RAINER MARIA RILKE


Die Flamingos

Jardin des Plantes, Paris

In Spiegelbildern wie von Fragonard
ist doch von ihrem Weiß und ihrer Röte
nicht mehr gegeben, als dir einer böte,
wenn er von seiner Freundin sagt: sie war

noch sanft von Schlaf. Denn steigen sie ins Grüne
und stehn, auf rosa Stielen leicht gedreht,
beisammen, blühend, wie in einem Beet,
verführen sie verführender als Phryne

sich selber; bis sie ihres Auges Bleiche
hinhalsend bergen in der eignen Weiche,
in welcher Schwarz und Fruchtrot sich versteckt.

Auf einmal kreischt ein Neid durch die Volière;
sie aber haben sich erstaunt gestreckt
und schreiten einzeln ins Imaginäre.


JOACHIM RINGELNATZ


Pinguine

Auch die Pinguine ratschen, tratschen,
Klatschen, patschen, watscheln, latschen,
Tuscheln, kuscheln, tauchen, fauchen
Herdenweise, grüppchenweise
Mit Gevattern,
Pladdern, schnattern
Laut und leise.
Schnabel-Babelbabel-Schnack,
Seriöses, Skandalöses, Hiebe, Stiche.

Oben: Chemisette mit Frack.
Unten: lange, enge, hinderliche
Röcke. – Edelleute, Bürger, Pack,
Alte Weiber, Professoren.

Riesenvolk, in Schnee und Eis geboren.
Sie begrüßen herdenweise

Ersten Menschen, der sich leise
Ihnen naht. Weil sie sehr neugierig sind.
Und der erstgesehene Mensch ist neu.
Und Erfahrungslosigkeit starrt wie ein kleinstes Kind
Gierig staunend aus, jedoch nicht scheu.

Riesenvolk, in Schnee und Eis geboren,
Lebend in verschwiegener Bucht
In noch menschenfernem Lande.
Arktis-Expedition. – Revolverschuß –:
Und das Riesenvolk, die ganze Bande
Ergreift die Flucht.


FRIEDERIKE MAYRÖCKER


## die Vogel Kutsche,
### für Christa Kühnhold

waren es Hühner Kinder Bachstelzen Buch-
staben welche am Weiher und in den Wiesen :
Wolken üppigen Wolken und Wiesen : wogend
und in welchen man sah 3 Gestalten mit strohgelben
van-Gogh-Hüten .. diese Unschuld diese Umschweife
zum See und der knisternde Blech Kübel bei
                                    verhangenem
Wetter das waren Granatäpfel nämlich Tropfen aus
einem Gewitter Himmel : aus einer Dachtraufe ein

Knattern und Nadel Instrument unerklärliches
Wetter Instrument, usw., die Lauch Gewächse und
Paraplues im Wald über den Geraniengärten wenn
man sie dem Regen überläszt dann fangen sie an
dann bluten sie nämlich der weisze Schirm wie
er in der Blumen Erde gesteckt hat : Firn- oder
Firnis Schnee auf dem Nacken des Gebirges, an
der Kreide Tafel der griechischen Gaststätte
gegen das Tor gelehnt, stand, an der Spitze
der Speisenfolge ein Gericht wie GOTTES LAMM / DAS
LAMM GOTTES, im Kostüm des Regens und Herolds :
1 schwarzes Ästchen war so gebeugt und geknickt
nämlich vom Baum gebrochen dasz es die
Initialen des Dichters beschrieb.


JOHANNES BOBROWSKI


Der Adler

Mit gebreiteten Schwingen
über dem Strom,
über dem Moorwald steht
der Adler – im Wetterbogen
ein Zeichen mit schwelenden Rändern,
in das Holz meiner Tür
geschlagen, Krallen – ich werd
erwachen, taumelnd, am Waldberg
erwachen fliegenden Auges
aus dem Gesträuch.

Mit gebreiteten Schwingen,
den Adler hab ich genagelt
meinem Haus an den First – ich werd
schlafen, im Schlaf
fahren, ein Aschenzeichen,
über den Wäldern.


SARAH KIRSCH


Raben


Die Bäume in diesen windzerblasenen
Das Land überrollenden Himmeln
Sind höher als die zusammengeduckten
Gluckenähnlichen Kirchen, und Wolken
Durchfliegen die Kronen die Vögel
Steigen von Ast zu Ast kohlschwarze Raben
Flattern den heidnischen Göttern
Hin auf die Schultern und krächzen
Den Alten die Ohren voll alle Sterblichen
Werden verpfiffen schlappe Seelen
Über den Wurzeln und ohne Flügel.

ALBERT EHRENSTEIN

## Der Wildschwan

Die Luft besitzt der junge Vogel,
Er besitzt das Laub der Wipfel,
Frühling hebt ihn über Gipfel,
Flügel hebt ihn über See.

Mich umstirbt der falbe Winter,
Mich besät der weiße Schnee,
Dich umsingt Saharasand,
Wie du willst, o Wildschwanjunges.

Die süße Sonne lacht dich an,
Nicht schreckt dich der Gewitterbüffel,
Schwinge hebt dich über Wolken,
Wie du willst, o Wildschwanjunges.

In der Asche kauere ich.
Ich packe meinen Hals und würge ihn,
Fort aus dem Leben! Aber wohin?

# Des Sängers Glück

CHRISTIAN FÜRCHTEGOTT GELLERT

## Die Nachtigall und die Lerche

Die Nachtigall sang einst mit vieler Kunst;
Ihr Lied erwarb der ganzen Gegend Gunst,
Die Blätter in den Gipfeln schwiegen,
Und fühlten ein geheim Vergnügen.
Der Vögel Chor vergaß der Ruh,
Und hörte Philomelen zu.
Aurora selbst verzog am Horizonte,
Weil sie die Sängerin nicht gnug bewundern konnte.
Denn auch die Götter rührt der Schall
Der angenehmen Nachtigall;
Und ihr, der Göttin, ihr zu Ehren,
Ließ Philomele sich noch zweimal schöner hören.
Sie schweigt darauf. Die Lerche naht sich ihr,
Und spricht: Du singst viel reizender als wir;
Dir wird mit Recht der Vorzug zugesprochen:
Doch eins gefällt uns nicht an dir,
Du singst das ganze Jahr nicht mehr als wenig Wochen.

Doch Philomele lacht und spricht:
Dein bittrer Vorwurf kränkt mich nicht,
Und wird mir ewig Ehre bringen.
Ich singe kurze Zeit. Warum? Um schön zu singen.
Ich folg im Singen der Natur;
So lange sie gebeut, so lange sing ich nur;

Sobald sie nicht gebeut, so hör ich auf zu singen;
Denn die Natur läßt sich nicht zwingen.

*

O Dichter, denkt an Philomelen,
Singt nicht, so lang ihr singen wollt.
Natur und Geist, die euch beseelen,
Sind euch nur wenig Jahre hold.
Soll euer Witz die Welt entzücken:
So singt, so lang ihr feurig seid,
Und öffnet euch mit Meisterstücken
Den Eingang in die Ewigkeit.
Singt geistreich der Natur zu Ehren,
Und scheint euch die nicht mehr geneigt:
So eilt, um rühmlich aufzuhören,
Eh ihr zu spät mit Schande schweigt.
Wer, sprecht ihr, will den Dichter zwingen?
Er bindet sich an keine Zeit.
So fahrt denn fort, noch alt zu singen,
Und singt euch um die Ewigkeit.

FERDINAND VON SAAR

Die Lerche

Strahlend im heitersten Blau steht die Sonne;
Aber früh noch ist es im Lenz,
Und eisige Lüfte hauchen noch
Von den Bergen herüber,

Wo hartnäckig der Winter sich fest gefroren
In tannenumdunkelten Klüften.

Dennoch vom erstarrten Blachfeld
Schwingt sich mit kämpfendem Flügel
Die Lerche empor,
Hin und her geschleudert vom Sturm,
Aber die jauchzende Brust umfunkelt
Vom ewigen Licht –
Schwing dich ihr nach, du mein geflügeltes Lied!

JOHANN WILHELM LUDWIG GLEIM

Der Sperber und die Lerche

Die kleine Lerche sah den blauen Himmel an
Und schwebte singend hin und wieder
Und ließ auf ihre Flur sich langsam singend nieder;
Da schoß mit schlagendem Gefieder
Aus seinem Busch hervor ein Sperber, ein Tyrann;
Und grausam sie verzehrend, sprach er: »Hören
Konnt' ich sie länger nicht; ich mußte sie verzehren,
Weil ich, wie sie, nicht singen kann!«

## Die Nachtigall

Das macht, es hat die Nachtigall
Die ganze Nacht gesungen;
Da sind von ihrem süßen Schall,
Da sind in Hall und Widerhall
Die Rosen aufgesprungen.

Sie war doch sonst ein wildes Blut;
Nun geht sie tief in Sinnen,
Trägt in der Hand den Sommerhut
Und duldet still der Sonne Glut,
Und weiß nicht, was beginnen.

Das macht, es hat die Nachtigall
Die ganze Nacht gesungen;
Da sind von ihrem süßen Schall,
Da sind in Hall und Widerhall
Die Rosen aufgesprungen.

REINER KUNZE

## Junge Hähne

In ihren kehlen tragen sie
kleine stimmbrüche durch die wiese aus denen sie
die töne
heraussprengen
Töne die fensterglas schneiden

Unermüdlich krähen die jungen hähne

In den schwülen nächten
stehn sie auf der stange
mit geöffneten schnäbeln


FRIEDRICH RÜCKERT


Der Drossel Schlag
Erinnert mich an manchen Tag,
Wo ich horchend im Walde lag,
Horchend, was wohl bedeuten mag
    Der Drossel Schlag.
    Der Drossel Schlag
Deutete damals auf einen Tag,
Der vorwärts in duftiger Ferne lag,
Auf den zurück nun deuten mag
    Der Drossel Schlag.

Es war einmal ein Rabe
Ein schlauer alter Knabe
Dem sagte ein Kanari, der
In seinem Käfig sang: Schau her
Von Kunst
Hast du keinen Dunst.
Der Rabe sagte ärgerlich:
Wenn du nicht singen könntest
Wärst du so frei wie ich.

## auf eine jüngst gestorbene Nachtigall

sie hat kein Lied mehr gehabt
sie war schon verstummt
aber in tiefer Traurigkeit ihre Augen Schnee Augen
haben mich angeblickt
irgendwo liegt noch mit einem Heiligenschein /
                                    gleichsam
ihr letzter Brief / ich weiß nicht
die Schlafstube zugenäht
während der erinnerte Anblick der blauen
*Nachtigallvilla* jenseits des Wassers
mich weinen macht
dieser zerrissene ich meine Halbmond im Fenster
in dessen Licht sie aufgab –
dann schlugen die Bestatter sie ein in das Leichentuch
in dem sie schaukelte wie damals
in ihrer Hängematte in D., unter den Bäumen
als sie noch singen konnte
als sie noch lachen konnte
als sie noch laufen konnte
über die windbehangenen Hügel
durch die zum Himmel fließenden Gerstenfelder

MASCHA KALÉKO

## Der Schwan
### Ein Epilog

Der Schwan, wenn er sein Ende ahnt,
Das heißt: wenn ihm sein Sterben *schwant*,
Zieht sich zurück, putzt das Gefieder
Und singt das schönste seiner Lieder.

– So möcht auch ich, ist es soweit,
Mal eingehn in die Ewigkeit.


SARAH KIRSCH

## Die Vögel singen im Regen am schönsten

Noch eh es Tag wird fällt Regen die Wolken wüten
verliern sich kennen kein Maß das perlt erdwärts auf
die Spitzen der Bäume fließt den Kiel der Pappeln ent-
lang geht von Nadel zu Nadel wirft sich auf Gras
drückts nieder bespringt zerbrechlichen Ehrenpreis
trommelt den Horizont aus der Welt

Die braunen Tauchenten laufen übers Wasser verlassen
das Schilf sind ganz von Wasser umgeben ihr Gefieder
ist für den fetten Regen gerüstet sie tauchen zum
Grund des Sees verraten den Aalen die Erde schwimmt

Den kleinen Vögeln in Baum und Strauch im Gras reg-
nets ins Nest wenn sie sich ducken ob sie die Flut
überstehn sie singen bloß und rufen lauter als die
Tropfen Geräusch machen schon unterscheide ich
Kuckuck Drossel etliche Tauben es fallen Grasmücken
ein und die Spatzen über dem Fenster geben ihr Weni-
ges der Lärm ist groß und voller Kunst

# Aus dem Vogelleben

KURT SCHWITTERS

## Zwölf Stunden kleines Vogelleben

Es ist eins.
  Das Vögelein sagt »Piep,
  Hab Dich lieb, hab dich lieb!«
Es wird zwei.
  Es weht ein kalter Wind,
  Da friert das Vogelkind.
Es wird auch drei.
  Das Jubilieren ist des Vögleins Zier,
  Vorausgesetzt, daß er nicht frier.
Es wird jetzt vier.
  Der böse Winter ging vorbei.
  Die Vogelmutter legt ein Ei.
Es wird jetzt fünf.
  Im Mai sind laue Nächte voll Gesang,
  Da wird den Vogeleltern ihre Zeit nicht lang.
Dann wird es sechs.
  Jetzt gibt es schöne Kirschen oder Mücken;
  Der frühe Sommer ist doch zum Entzücken.
Und nun wirds sieben.
  Wo ist der Mai geblieben;
  Doch kann man auch im Juli lieben.
Und dann wirds acht.
  Der Sommer ist so warm.
  Das Vöglein hält die Frau im Arm.

Und wenn es neun ist:
    Im Herbste gibt es auch noch schöne Tage,
    Doch naht der Winter mit der Plage.
Jetzt wird es zehn.
    Wie wird so traurig jetzt der Wald!
    So ohne Blätter und so kalt!
Unwiderruflich wird es elf.
    Nur gut, daß es nicht jetzt schon zwölf geworden,
    Der kalte Winter wird das Vöglein morden.
Um zwölf Uhr uhren alle Uhren.
    Die Vögel fallen tot, verwischt sind alle Spuren.


MASCHA KALÉKO


## Kaka»du« und Kaka»Sie«

Ein schwerverliebter Kakadu
Hat hier sein erstes Rendezvous
Mit einer grünen Kaka-Duse,
– Er nennt sie seine Pampel-Muse.
Sie ist nicht spröde, ihrerseits.
Man kakaduzt sich auch bereits.
Und übers Jahr wird ein Terzett
Aus diesem Kakadu-Duett.

## Hochzeit der Vögel

Vögel Hochzeit feiern
auf dem Feld im Freien

Fink ist der Neuvermählte,
Finkin ist die Erwählte.

Festmeister ist der Geier,
Nickt bei der Tafel statt Zweier;

Brautmutter ist die Eule,
Kürzt sich am Tisch die Weile;

Wolf ist heute Metzger,
Drüben sein Messer wetzt er;

Hase ist heute Kellner,
Bringt den Wein und die Teller;

Hausmagd ist die Katze,
Fegt den Tisch mit der Tatze;

Spielleute sind die Hunde
Mit dem breiten Munde;

Fliege tanzt mit der Mücke,
Geht die Welt fast in Stücke!

Fliege aber beim Holpern
Bricht sich ein Bein im Stolpern;

Schickt um den Bader in Eile,
Daß er den Beinbruch heile!

Ehe der Bader sich sputet,
Längst die Fliege verblutet.


ERNST JANDL


eulen

bist eulen
ja
bin eulen
ja ja
sehr eulen

bist auch eulen
ja
bin auch eulen
sehr eulen
ja ja

will aber nicht mehr eulen sein
bin schon zu lang eulen gewesen

will auch nicht mehr eulen sein
bin auch schon zu lang eulen gewesen

ja
mit dir da

mit dir da auch
bin nicht mehr eulen ja
bin nicht mehr eulen auch
ja ja
ja ja auch

doch wer einmal eulen war
der wird eulen bleiben immer
ja

ja ja


HELGA M. NOVAK


## trauert der Schwan

einem Schwan kam die Gefährtin abhanden
ich sah ihren Kadaver weißaufleuchtend
auf dem Fluß in morschen Ästen verfangen
seine Trauer jagt ihn an Land
niedergebogen den Hals durchstreift
er das Dickicht aus Binsen so wird
aus einem Schwimmer ein trostloser Wanderer
er begleitet die Tote das Ufer entlang
was vermochte die beiden zu trennen
und was verbietet ihm
das vereinte Gewässer mit ihr zu teilen
ist sie in jene Falle geraten
die man Schwanenhals nennt
warum eilt er nicht einer anderen
lebendigen Partnerin zu begegnen
es ist Mai und sie sind alle vergeben

ERICH FRIED

## Zwei Vögel

Zwei weiße Vögel
geweckt von derselben Sonne
fliegen zum selben Baum
fliegen nicht miteinander

Zwei weiße Vögel
pecken vom selben Baum
pecken dieselben Früchte
rufen einander Räuber

Zwei weiße Vögel
Die scharfen gebogenen Schnäbel
sehen einander ähnlich
pecken einander rot

Zwei rote Vögel
Die dunklen glänzenden Augen
sehen einander ähnlich
Sie pecken sie aus

Zwei rote Vögel
haben den Kampf ausgetragen
Könnten sie jetzt noch rufen
so würde der eine sagen:

»Der andere Vogel ist vor mir
nicht so oft wie ich gekommen
aber er hätte uns jetzt
unsern Baum wieder weggenommen«

Zwei rote Vögel
können sich nicht mehr entzweien
Könnten sie jetzt noch rufen
so würde der andere schreien:

»Der eine Vogel
ist erst als Nachbar gekommen
dann hat er uns
unsern ganzen Baum weggenommen«

Zwei tote Vögel
mit aufgerissenen Schnäbeln
mit ausgeronnenen Augen
unter dem Baum

# Unter Menschen

CHRISTIAN MORGENSTERN

## Der Papagei

Es war einmal ein Papagei,
der war beim Schöpfungsakt dabei
und lernte gleich am rechten Ort
des ersten Menschen erstes Wort.

Des Menschen erstes Wort war A
und hieß fast alles, was er sah,
z. B. Fisch, z. B. Brot,
z. B. Leben oder Tod.

Erst nach Jahrhunderten voll Schnee
erfand der Mensch zum A das B
und dann das L und dann das Q
und schließlich noch das Z dazu.

Gedachter Papagei indem
ward älter als Methusalem,
bewahrend treu in Brust und Schnabel
die erste menschliche Vokabel.

Zum Schlusse starb auch er am Zips.
Doch heut noch steht sein Bild in Gips,
geschmückt mit einem grünen A,
im Staatsschatz zu Ekbatana.

ROSE AUSLÄNDER

## Der Vogel

Mit leisem Flügelschlag
dieser Vogel
in meinem Fenster

Traumfern
flaumnah
ein Sommergruß

Verwundert
wie ich

Ich liebe ihn
und frage nicht
ob er mich liebt


WILHELM BUSCH

## Die Meise

Auguste, wie fast jede Nichte,
Weiß wenig von Naturgeschichte.
Zu bilden sie in diesem Fache,
Ist für den Onkel Ehrensache.

Auguste, sprach er, glaub es mir,
Die Meise ist ein nettes Tier.
Gar zierlich ist ihr Leibesbau,
Auch ist sie schwarz, weiß, gelb und blau.
Hell flötet sie und klettert munter
Am Strauch kopfüber und kopfunter.
Das härt'ste Korn verschmäht sie nicht,
Sie hämmert, bis die Schale bricht.
Mohnköpfchen bohrt sie mit Verstand
Ein Löchlein in den Unterrand,
Weil dann die Sämerei gelind
Von selbst in ihren Schnabel rinnt.
Nicht immer liebt man Fastenspeisen,
Der Grundsatz gilt auch für die Meisen.
Sie gucken scharf in alle Ritzen,
Wo fette Käferlarven sitzen,
Und fangen sonst noch Myriaden
Insekten, die dem Menschen schaden,
Und hieran siehst du außerdem,
Wie weise das Natursystem. –
So zeigt er wie die Sache lag.

Es war kurz vor Martinitag.
Wer dann vernünftig ist und kann's
Sich leisten, kauft sich eine Gans.

Auch an des Onkels Außengiebel
Hing eine solche, die nicht übel,
Um, nackt im Freien aufgehangen,
Die rechte Reife zu erlangen.
Auf diesen Braten freute sich
Der Onkel sehr und namentlich
Vor allem auf die braune Haut,
Obgleich er sie nur schwer verdaut.

Martini kam, doch kein Arom
Von Braten spürt der gute Ohm.
Statt dessen trat voll Ungestüm
Die Nichte ein und zeigte ihm
Die Gans, die kaum noch Gans zu nennen,
Ein Scheusal, nicht zum Wiederkennen,
Zernagt beinah bis auf die Knochen.
Kein Zweifel war, wer dies verbrochen,
Denn deutlich lehrt der Augenschein,
Es konnten nur die Meisen sein.
Also ade! du braune Kruste.

Ja, lieber Onkel, sprach Auguste,
Die gern, nach weiblicher Manier,
Bei einem Irrtum ihn ertappt:
Die Meise ist ein nettes Tier.
Da hast du wieder recht gehabt.

ERNST JANDL

der wahre vogel

fang eine liebe amsel ein
nimm eine schere zart und fein
schneid ab der amsel beide bein
amsel darf immer fliegend sein
steigt höher auf und höher
bis ich sie nicht mehr sehe
und fast vor lust vergehe
das müßt ein wahrer vogel sein
dem niemals fiel das landen ein

Der Vogelfänger bin ich ja,
Stets lustig, heißa, hopsassa!
Ich Vogelfänger bin bekannt
Bei Alt und Jung im ganzen Land.
Weiß mit dem Locken umzugehn
Und mich aufs Pfeifen zu verstehn.
Drum kann ich froh und lustig sein,
Denn alle Vögel sind ja mein.
*(Er pfeift.)*

Der Vogelfänger bin ich ja,
Stets lustig, heißa, hopsassa!
Ich Vogelfänger bin bekannt
Bei Alt und Jung im ganzen Land.
Ein Netz für Mädchen möchte ich,
Ich fing' sie dutzendweis für mich.
Dann sperrte ich sie bei mir ein,
Und alle Mädchen wären mein.
*(Er pfeift.)*

Wenn alle Mädchen wären mein,
So tauschte ich brav Zucker ein:
Die, welche mir am liebsten wär',
Der gäb' ich gleich den Zucker her.
Und küßte sie mich zärtlich dann,
Wär' sie mein Weib und ich ihr Mann.
Sie schlief' an meiner Seite ein,
Ich wiegte wie ein Kind sie ein.
*(Er pfeift, will nach der Arie nach der Pforte gehen.)*

THOMAS KLING

## falknerei

»Ich zôch mir einen falken«
*Der von Kürenberg* (1150)

eine geöffnete faust der himmel,
lederner dezember. in den
der greif (turmfalke, mauerfalke,
wespnbussard?) steigt und an
den sprachn rüttelt. rüttelnd
steht; di turmwand markiert
mit falknmist. ein weiß, wo,
*weite*, der abendstern
sich zeigt.

(für Albrecht Mauritius Wenner)


GEORG TRAKL


## Gesang einer gefangenen Amsel

### Für Ludwig von Ficker

Dunkler Odem im grünen Gezweig.
Blaue Blümchen umschweben das Antlitz
Des Einsamen, den goldnen Schritt
Ersterbend unter dem Ölbaum.
Aufflattert mit trunknem Flügel die Nacht.

So leise blutet Demut,
Tau, der langsam tropft vom blühenden Dorn.
Strahlender Arme Erbarmen
Umfängt ein brechendes Herz.


FRIEDRICH HEBBEL


## Der arme Vogel

Es sitzt im Käfig ein Vogel,
   Der denkt an Licht und Luft,
An frische schattige Haine,
   An Blumen, voll von Duft,
Regt ungeduldig die Flügel,
   Will frei im Freien sein,
Und flattert gegen den Käfig
   Und stößt das Haupt sich ein.

Da sinkt er blutig zu Boden
   Und liegt in Todesgraus
Und schnappt so ängstlich nach Odem
   Und haucht sein Leben aus.
Du hast den Armen gesehen,
   Und Schmerz durchzuckt dich wild:
Du sahst – drum magst du wohl bluten –
   O Herz, dein eigen Bild!

# Turteln und treu sein

HEINRICH HEINE

Ich steh auf des Berges Spitze,
Und werde sentimental.
»Wenn ich ein Vöglein wäre!«
Seufz ich vieltausendmal.

Wenn ich eine Schwalbe wäre,
So flög ich zu dir, mein Kind,
Und baute mir mein Nestchen
Wo deine Fenster sind.

Wenn ich eine Nachtigall wäre,
So flög ich zu dir, mein Kind,
Und sänge dir nachts meine Lieder
Herab von der grünen Lind.

Wenn ich ein Gimpel wäre,
So flög ich gleich an dein Herz;
Du bist ja hold den Gimpeln,
Und heilest Gimpelschmerz.

RICARDA HUCH

Ein klein Vöglein wär' ich gern,
Schwirrt' um meinen guten Herrn.
Honig hat er auf den Lippen,
Und ich dürfte davon nippen;
Wann ich wollte, könnt' ich's wagen,
Niemals würd' er mich verjagen.
Und zum Dank pfiff' ich ihm Lieder
Stolz von seiner Schulter nieder.
Käm' der liebe Mondenschein,
Schlief' in seiner Hand ich ein –
Wär' ich nur sein Vöglein klein!


CHRISTINE BUSTA

Die Möwe

Immer folgt mir die Liebe
wie die Möwe dem Schiff.
Von keinem Winde verschlagen,
räuberisch, herrlich bestürzt sie
unablässig mein Leben.

Ihren schneeigen Flügen hab ich
hingeworfen mein rotes Lachen,
ausgesetzt zwischen Wasser und Himmel
meine Augen, mein Herz verfüttert.

Blind und herzlos
werd ich ihrem Gelächter verfallen.

BERTOLT BRECHT

## Terzinen über die Liebe

Sieh jene Kraniche in großem Bogen!
Die Wolken, welche ihnen beigegeben
Zogen mit ihnen schon, als sie entflogen
Aus einem Leben in ein andres Leben.
In gleicher Höhe und mit gleicher Eile
Scheinen sie alle beide nur daneben.
Daß so der Kranich mit der Wolke teile
Den schönen Himmel, den sie kurz befliegen
Daß also keines länger hier verweile
Und keines andres sehe als das Wiegen
Des andern in dem Wind, den beide spüren
Die jetzt im Fluge beieinander liegen
So mag der Wind sie in das Nichts entführen
Wenn sie nur nicht vergehen und sich bleiben
So lange kann sie beide nichts berühren
So lange kann man sie von jedem Ort vertreiben
Wo Regen drohen oder Schüsse schallen.
So unter Sonn und Monds wenig verschiedenen
       Scheiben
Fliegen sie hin, einander ganz verfallen.
Wohin, ihr? – Nirgend hin. – Von wem davon? –
       Von allen.
Ihr fragt, wie lange sind sie schon beisammen?
Seit kurzem. – Und wann werden sie sich trennen? –
       Bald.
So scheint die Liebe Liebenden ein Halt.

NIKOLAUS LENAU

## Im Frühling

An ihren bunten Liedern klettert
Die Lerche selig in die Luft;
Ein Jubelchor von Sängern schmettert
Im Walde, voller Blüt' und Duft.

Da sind, so weit die Blicke gleiten
Altäre festlich aufgebaut,
Und all die tausend Herzen läuten
Zur Liebesfeier dringend laut.

Der Lenz hat Rosen angezündet
An Leuchtern von Smaragd im Dom,
Und jede Seele schwillt und mündet
Hinüber in den Opferstrom.

JOHANN GABRIEL SEIDL

## Die Taubenpost

Ich hab eine Brieftaub in meinem Sold,
Die ist gar ergeben und treu,
Sie nimmt mir nie das Ziel zu kurz,
Und fliegt auch nie vorbei.

Ich sende sie vieltausendmal
Auf Kundschaft täglich hinaus,
Vorbei an manchen lieben Ort,
Bis zu der Liebsten Haus.

Dort schaut sie zum Fenster heimlich hinein,
Belauscht ihren Blick und Schritt,
Gibt meine Grüße scherzend ab
Und nimmt die ihren mit.

Kein Briefchen brauch ich zu schreiben mehr,
Die Träne selbst geb ich ihr;
O sie verträgt sie sicher nicht,
Gar eifrig dient sie mir.

Bei Tag, bei Nacht, im Wachen und Traum,
Ihr gilt das alles gleich:
Wenn sie nur wandern, wandern kann,
Dann ist sie überreich!

Sie wird nicht müd, sie wird nicht matt,
Der Weg ist stets ihr neu;
Sie braucht nicht Lockung, braucht nicht Lohn,
*Die* Taub ist so mir treu!

Drum heg ich sie auch so treu an der Brust,
Versichert des schönsten Gewinns;
Sie heißt – die Sehnsucht! Kennt ihr sie? –
Die Botin treuen Sinns.

Wer fängt die wilde Taube
macht sie zahm
und wirft sie zurück
in die fremdgewordenen Himmel –

Oh du
warum entzogst du mir plötzlich
die dunklen Wölbungen deiner Hände.

Mit süßen Körnern locktest du mich
von deinen Lippen lehrtest du sie mich picken
eingeschmiegt in deine Wärme
vergaß ich den roten Falken.

Grausam blendet mich nun das Licht der Freiheit
Erbarme dich
du
wirf wieder über mich deinen liebenden Schatten
falte meine Flügel an deiner Schulter
bette mich wieder ein in dein Herz.

## kann nicht steigen nicht fallen

sieht so aus als hätte
ich das Fliegen verlernt
kann nicht steigen nicht fallen
flügellahm
sitze ich da und brüte
Liebeserklärungen aus

dabei gibt es eine Menge Vögel
die sich nie von der Erde lösen
und springen und stolzieren
mit gewölbten Federn
durch das wehende Gras

ich bin für heute ein Wasserhuhn
und suche dich im Schilf
wo du mit Sicherheit
an deinen vielen schwarzen Haaren
dich verheddert hast
denk bloß nicht ich mache dich los

IDA GERHARDT

## Die Abweisung

Ich schreibe mit der Rabenfeder,
mein Herr.
Mein Herz, Ihr Herz
Ihre Ehre, meine Ehre
haben nichts gemein.
Ich schreibe mit der Rabenfeder.
Ich schreibe mit der Rabenschwärze
das Zeichen: Nein.

ROSE AUSLÄNDER

## Die Tauben

Engel schlummern in ihnen
Längst haben sie
ihre Mission erfüllt
Briefe befördert
Frieden verkündet

Gott hat sie wohl
im Schlaf erschaffen
in einem Traum ihre Gestalt erfunden
ein zartes Poem pastellbefiedert
mit rotem Ring um den Augenkreis

Schuldlos
unter Menschen geraten
ihrer Liebe preisgegeben

Längst ist der Engel
schlafen gegangen
in ihren Federn
Ihre Seele schwebt über Noah
Ihr Fleisch hungert nach Mais

ERICH FRIED

## Diese Tauben

*»Friedenstaubenplage«*
Dieter Fringeli

Friedenstaubenplage?
Nun ja
ihr Gurren
kann manchmal recht eintönig sein
oder erinnert mich
an etwas von dem ich
schon einmal
die Ohren voll hatte
Und angeblich sind sie nicht frei
von Ungeziefer

Fragt sich nur:
Welcher Vogel
kommt sonst geflogen?
der kahlköpfige Adler
oder vielleicht
der alte Pleitegeier
und seine Jungen
oder gar kein Vogel mehr
sondern irgendeine Rakete?

Nein
da sind mir
doch diese Tauben
noch lieber

EDUARD MÖRIKE

## Storchenbotschaft

Des Schäfers sein Haus und das steht auf zwei Rad,
Steht hoch auf der Heiden, so frühe, wie spat;
Und wenn nur ein mancher so'n Nachtquartier hätt!
Ein Schäfer tauscht nicht dem König sein Bett.

Und käm ihm zu Nacht auch was Seltsames vor,
Er betet sein Sprüchel und legt sich aufs Ohr;
Ein Geistlein, ein Hexlein, so lustige Wicht',
Sie klopfen ihm wohl, doch er antwortet nicht.

Einmal doch, da ward es ihm wirklich zu bunt:
Es knopert am Laden, es winselt der Hund;
Nun ziehet mein Schäfer den Riegel – ei schau!
Da stehen zwei Störche, der Mann und die Frau.

Das Pärchen, es machet ein schön Kompliment,
Es möchte gern reden, ach, wenn es nur könnt!
Was will mir das Ziefer? – ist so was erhört?
Doch ist mir wohl fröhliche Botschaft beschert.

Ihr seid wohl dahinten zu Hause am Rhein?
Ihr habt wohl mein Mädel gebissen ins Bein?
Nun weinet das Kind und die Mutter noch mehr,
Sie wünschet den Herzallerliebsten sich her?

Und wünschet daneben die Taufe bestellt:
Ein Lämmlein, ein Würstlein, ein Beutelein Geld?
So sagt nur, ich käm in zwei Tag oder drei,
Und grüßt mir mein Bübel und rührt ihm den Brei!

Doch halt! warum stellt ihr zu zweien euch ein?
Es werden doch, hoff ich, nicht Zwillinge sein? –
Da klappern die Störche im lustigsten Ton,
Sie nicken und knicksen und fliegen davon.


GÜNTER KUNERT


Unterwegs nach Utopia I

Vögel: fliegende Tiere
ikarische Züge
mit zerfetztem Gefieder
gebrochenen Schwingen
überhaupt augenlos
ein blutiges und panisches
Geflatter
nach Maßgabe der Ornithologen
unterwegs nach Utopia
wo keiner lebend hingelangt
wo nur Sehnsucht
überwintert

Das Gedicht bloß gewahrt
was hinter den Horizonten verschwindet
etwas wie wahres Lieben und Sterben
die zwei Flügel des Lebens
bewegt von letzter Angst
in einer vollkommenen
Endgültigkeit.

FRIEDRICH RÜCKERT

## Aus der Jugendzeit

Aus der Jugendzeit, aus der Jugendzeit,
Klingt ein Lied mir immerdar;
O wie liegt so weit, o wie liegt so weit,
Was mein einst war!

Was die Schwalbe sang, was die Schwalbe sang,
Die den Herbst und Frühling bringt;
Ob das Dorf entlang, ob das Dorf entlang,
Das jetzt noch klingt?

»Als ich Abschied nahm, als ich Abschied nahm,
Waren Kisten und Kasten schwer;
Als ich wieder kam, als ich wieder kam,
War alles leer.«

O du Kindermund, o du Kindermund,
Unbewußter Weisheit froh,
Vogelsprachekund, vogelsprachekund,
Wie Salomo!

O du Heimatflur, o du Heimatflur,
Laß zu deinem heil'gen Raum
Mich noch einmal nur, mich noch einmal nur,
Entfliehn im Traum!

Als ich Abschied nahm, als ich Abschied nahm,
War die Welt mir voll so sehr;
Als ich wieder kam, als ich wieder kam,
War alles leer.

Wohl die Schwalbe kehrt, wohl die Schwalbe kehrt,
Und der leere Kasten schwoll;
Ist das Herz geleert, ist das Herz geleert,
Wird's nicht mehr voll.

Keine Schwalbe bringt, keine Schwalbe bringt
Dir zurück wonach du weinst;
Doch die Schwalbe singt, doch die Schwalbe singt
Im Dorf wie einst:

»Als ich Abschied nahm, als ich Abschied nahm,
Waren Kisten und Kasten schwer;
Als ich wieder kam, als ich wieder kam,
War alles leer.«

PAULA LUDWIG

## An einen Dichter

Wenn die Schar der ziehenden Vögel,
einen Gefährten ihres Stammes erspähend,
ihn aufnimmt,
nicht unterbrechend den Flug,
also sicher bekannt
ist ihnen der Zugeflogene –

Denn es gibt unter den Fliegenden,
zwischen zwei Heimaten Segelnden,
vielerlei Arten,

wie die liebliche, weiß gebrüstete
und die großbeschwingten, langgeschnäbelten;
aber die singenden
grauen unter den Schimmernden,
die Nachtigallen,
ihres Herzens wegen oft gefangen und getötet,
derer gedenk ich –

Als ich dich sah,
gleich redete ich fröhlich
und meine Wangen röteten sich.
Also eilig
zeigte mein Herz dir seine Farbe.

# Unglücksraben und kuriose Vögel

### RICARDA HUCH

Die Geier mästen sich
In eines toten Tigers Fleisch gekrallt.
Von ihren Schnäbeln trieft sein schwarzes Blut.
Wie sie am Leichenfraße sich ergötzen,
Schielt jeder mit versteckter Wut
Auf seines Nachbars Fetzen
Und schlingt mit heiß'rer Gier.
Vom königlichen Fell nicht mehr bedeckt
Starrt das Gebein; erhabene Gestalt,
Nun wehrlos hingestreckt
Hyänischem Getier.

### ERICH KÄSTNER

## Der Pechvogel
(Ein Couplet. Melodie: Das Hobellied)

Die Welt, die ähnelt, Sie verzeihn,
zum Beispiel einem Haus.
Durch manche Türen tritt man ein,
durch andre tritt man aus.

Und alle Türen dieser Welt
hab'n nur den einen Sinn:
Wenn irgendwo 'ne Tür zufällt,
hab ich die Finger drin.

Die einen brechen das Genick.
Die andern bleiben heil.
Sehr viele Leute haben Glück.
Ich hab das Gegenteil.
Und wer mein Pech für Zufall hält,
verkennt des Lebens Sinn:
Wenn irgendwo 'ne Tür zufällt,
hab ich die Finger drin.

Das Geld hab ich noch nie vermißt.
Ich fürchte mich davor.
Denn wenn ein Mensch bei Kasse ist,
dann braucht er 'nen Tresor.
Und hätt ich einen Schrank voll Geld,
ging ich ja doch nicht hin.
Denn wenn dem Schrank die Tür zufällt,
hab ich die Finger drin.

Komm ich dereinst zum Himmel, und
der Petrus sagt: »Herein!«
und öffnet mit dem Schlüsselbund,
trau ich mich nicht hinein.
's wird sein wie auf der Erdenwelt.
Ich hab, wie ich schon bin,
wenn dann die Himmelstür zufällt,
ja doch die Finger drin.

JOACHIM RINGELNATZ

## Aus der Vogelkunde

Ich spreche von Flugmaschinen.
Sie summen lauter als Bienen
Und sind eine Kreuzung von Taube,
Ente, Maikäfer und Schiffsschraube.

Sie nisten einzeln, paar- und gruppen-
Weise in Hallen und Schuppen.

Ich habe persönlich festgestellt:
Sie bringen lebendige Junge zur Welt,
Die wie Menschen aussehn,
Wenn sie aus ihnen herausgehn.

Auch legen sie Eier und brüten
Im Krieg. Zeus möge das künftig verhüten.

Ihre Nahrung sind Menschen, Koffer, Benzin
Und Zeitungen aus Berlin.

Sie sind über die ganze Welt
Verbreitet und sehr zahm auch in Freiheit.
Außerdem sind sie der Polizeiheit
Und der Zollbehördlichkeit unterstellt.
Volkstümlich nennt man sie schlechthin Maschinen.

Ich könnte Ihnen mit Näherem dienen,
Aber ich verlange dafür
Eine Flugzeugengebühr.

## Ballade vom preußischen Ikarus

Da, wo die Friedrichstraße sacht
Den Schritt über das Wasser macht
  da hängt über der Spree
Die Weidendammerbrücke. Schön
Kannst du da Preußens Adler sehn
  wenn ich am Geländer steh

    dann steht da der preußische Ikarus
    mit grauen Flügeln aus Eisenguß
      dem tun seine Arme so weh
    er fliegt nicht weg – er stürzt nicht ab
    macht keinen Wind – und macht nicht
              schlapp
      am Geländer über der Spree

Der Stacheldraht wächst langsam ein
Tief in die Haut, in Brust und Bein
  ins Hirn, in graue Zelln
Umgürtet mit dem Drahtverband
Ist unser Land ein Inselland
  Umbrandet von bleiernen Welln

    da steht der preußische Ikarus
    mit grauen Flügeln aus Eisenguß
      dem tun seine Arme so weh
    er fliegt nicht weg – er stürzt nicht ab
    macht keinen Wind – und macht nicht
              schlapp
      am Geländer über der Spree

Und wenn du wegwillst, mußt du gehn
Ich hab schon viele abhaun sehn
    aus unserm halben Land
Ich halt mich fest hier, bis mich kalt
Dieser verhaßte Vogel krallt
    und zerrt mich übern Rand

        dann bin ich der preußische Ikarus
        mit grauen Flügeln aus Eisenguß
            dann tun mir die Arme so weh
        dann flieg ich hoch – dann stürz ich ab
        mach bißchen Wind – dann mach ich schlapp
            am Geländer über der Spree


WILHELM BUSCH


## Der Wetterhahn

Wie hat sich sonst so schön der Hahn
Auf unserm Turm gedreht
Und damit jedem kundgetan,
Woher der Wind geweht.

Doch seit dem letzten Sturme hat
Er keinen rechten Lauf;
Er hängt so schief, er ist so matt,
Und keiner schaut mehr drauf.

Jetzt leckt man an den Finger halt
Und hält ihn hoch geschwind.
Die Seite, wo der Finger kalt,
Von daher weht der Wind.

GÜNTER GRASS

## Die Vogelscheuchen

Ich weiß nicht, ob man Erde kaufen kann,
ob es genügt, wenn man vier Pfähle,
mit etwas Rost dazwischen und Gestrüpp,
im Sand verscharrt und Garten dazu sagt.

Ich weiß nicht, was die Stare denken.
Sie flattern manchmal auf, zerstäuben,
besprenkeln meinen Nachmittag,
tun so, als könnte man sie scheuchen,
als seien Vogelscheuchen Vogelscheuchen
und Luftgewehre hinter den Gardinen
und Katzen in der Bohnensaat.

Ich weiß nicht, was die alten Jacken
und Hosentaschen von uns wissen.
Ich weiß nicht, was in Hüten brütet,
welchen Gedanken was entschlüpft
und flügge wird und läßt sich nicht verscheuchen;
von Vogelscheuchen werden wir behütet.

Sind Vogelscheuchen Säugetiere?
Es sieht so aus, als ob sie sich vermehren,
indem sie nachts die Hüte tauschen:
schon stehn in meinem Garten drei,
verneigen sich und winken höflich
und drehen sich und zwinkern mit der Sonne
und reden, reden zum Salat.

Ich weiß nicht, ob mein Gartenzaun
mich einsperren, mich aussperrn will.
Ich weiß nicht, was das Unkraut will,
weiß nicht, was jene Blattlaus will bedeuten,
weiß nicht, ob alte Jacken, alte Hosen,
wenn sie mit Löffeln in den Dosen
rostig und blechern windwärts läuten,
zur Vesper, ob zum Ave läuten,
zum Aufstand aller Vogelscheuchen läuten.


ALFRED BRENDEL


Bei Sonnenuntergang
sitzt auf seinem Galgen
der Galgenvogel
und singt
nicht besonders melodisch
kein Vergleich
mit Amseln und Nachtigallen
aber mit mächtigem Ausdruck
con somma espressione
inbrünstig wie eine Kreissäge
deren Motor plötzlich verstummt
wenn die Dunkelheit
die Schlinge zuzieht

CHRISTIAN MORGENSTERN

## Der Rauchvogel

Aus dem hohen Schornstein wolkt ein Vogel,
kolkt empor ein rabenschwarzer Rauchvogel;
feuerfarben ist sein Rauchgefieder,
feuerfunkelfarben ist dein Bauch, Vogel!
Düstrer Ruß und Qualm sind Rumpf und Flügel,
und dein Hals ein blauspiralner Schlauch, Vogel;
doch dein Haupt und Schnabel hoch im Himmel
sind nur noch ein Husch und Hauch, Vogel!

KLABUND

## Der Kiebitz

Es geht wohl immer einer neben dir,
Er sieht dir in das aufgeschlagne Blatt,
Er läuft am Wagen als das fünfte Rad,
Und trinkt mit dir aus einem Glase Bier.

Er ist dein Schatten, und du bist sein Tier.
Was du auch schlingst, er sagt sich niemals satt.
Dein ganzes Dasein scheint ihm schal und matt
Und er verlangt  s e i n  Leben, ach, von dir.

Wohin du auch die müden Schritte lenkst,
Wie eine Bremse schwirrt er stets um dich.
Und was du tust und was du auch bedenkst:

Er zehrt von deinem Ansehn brüderlich.
Wenn du dich in des Todes Masse mengst:
Er bleibt am Leben: geil und lüderlich.


ERNST JANDL


vogelgott

ja ich glaube daß gott
ein vogel ist
und ich sein mist

das von ihm ausgeschickte
ite missa est

oder ein stück mit dem er sein nest baut
für seine braut
für sich und seine braut

MICHAEL LENTZ

## alles dasein ist ein vogel
(für barbara, für die vögel)

die dohle ist ein vogel auch
mit einem grauen grauen bauch
der fink ist flink
das wissen wir
und auch der himmel
ist ein tier

die meise oben
singt weise droben
ein star ist rar
fürwahr fürwahr

der rabe ist ein rabe nur
sitzt er auf einer sonnenuhr
der uhu hat ein federohr
das er sich selber auserkor

von allen dieben schnellster
ist sicherlich der elster
ohne ›be‹ wird aus der beule
eine wunderschöne eule

und für den frechen spatz
ist überall noch platz

doch der pirol
wo bleibt der wohl
er ist wohl aus
und bald zu haus

ganz wie die bunte taube
und fertig ist die laube
der spötterich der spötterich
der liebt sie alle inniglich
da kommt der specht
so grade recht
was sonst noch fliegt
das liegt am see
ein hase rennt
durch einen schnee

eine futterstelle
auf die ganze schnelle
bitte hier auf dem balkon
ach danke schön da ist sie schon

im kasten sitzt die amsel merlin
geradewegs kommt sie aus berlin
will sie nicht die körner fressen
muss das huhn sie selber essen

der rotmilan, die gabelweihe
ist zweitausend an der reihe

ein oulipo
das wohnt doch wo
das heißt nur so

doch im gesang die nachtigall
die ist ein klarer sonderfall
denn ohne ›zett‹ da wird's dem zeisig
bitterkalt und eisig

natürlich singt der kuckuck schön
na dann auf bald aufwiedersehn
der rest ist namentlich bekannt
was hier der reim zusammenband:

kein vogeltier sind spree und elbe
für den käse gilt dasselbe
›heimatlos‹ ist nur ein wort
für einen gänzlich andren ort

# Mutationen

VOLKER KRIEGEL

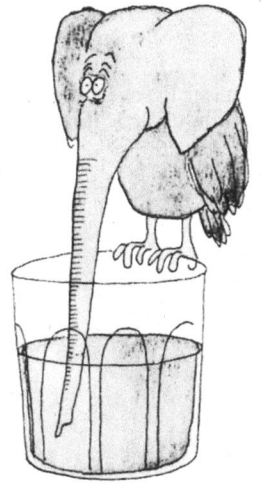

Sogar die Elefantenmeise
bedudelt sich auf ihre Weise.

Auch unser Papageienhund
hat neuerdings Gedächtnisschwund.

Zuweilen hat der Vogelbär
den Eindruck, er verträgt nichts mehr.

# Verzeichnis der Autorinnen und Autoren, Gedichte und Druckvorlagen

**ANONYM**

Das Federspiel, A. B. C. mit Flügeln . . . . . . . . . . . . 17

Aus: Des Knaben Wunderhorn. Alte deutsche Lieder. Gesammelt von Achim von Arnim und Clemens Brentano. Krit. Ausg. Bd. 3. Hrsg. und komm. von Heinz Rölleke. Stuttgart: Reclam, 1987. [Die Orthographie wurde behutsam modernisiert.]

**ROSE AUSLÄNDER**  (1901–1988)

(1) Der Kuckuck zaubert . . . . . . . . . . . . . . . . . 37
(2) Der Vogel. . . . . . . . . . . . . . . . . . . . . . . 78
(3) Die Tauben . . . . . . . . . . . . . . . . . . . . . . 92

(1, 3) Aus: R. A.: Gesammelte Werke in sieben Bänden. Hrsg. von Helmut Braun. [Bd. 2:] Die Sichel mäht die Zeit zu Heu. Gedichte 1957–1965. Frankfurt a. M.: S. Fischer, 1985. – © 2024 S. Fischer Verlag GmbH, Frankfurt am Main.
(2) Aus: R. A.: Gesammelte Werke in sieben Bänden. Hrsg. von Helmut Braun. [Bd. 5:] Ich höre das Herz des Oleanders. Gedichte 1977–1979. Frankfurt a. M.: S. Fischer, 1984. – © 2024 S. Fischer Verlag GmbH, Frankfurt am Main.

**WOLF BIERMANN**  (geb. 1936)

Ballade vom preußischen Ikarus . . . . . . . . . . . . . . 102

Aus: W. B.: Alle Lieder. Köln: Kiepenheuer & Witsch, 1991. – © Wolf Biermann.

JOHANNES BOBROWSKI  (1917–1965)

   Der Adler. . . . . . . . . . . . . . . . . . . . . . . . . .   58

Aus: J. B.: Gesammelte Werke in sechs Bänden. Hrsg. von Eberhard Haufe. Bd. 1: Die Gedichte. Stuttgart: Deutsche Verlags-Anstalt, 1998. – © 1998 Deutsche Verlags-Anstalt, München, in der Penguin Random House Verlagsgruppe GmbH.

BERTOLT BRECHT  (1898–1956)

   *Es war einmal ein Rabe*. . . . . . . . . . . . . . .   66
   Terzinen über die Liebe. . . . . . . . . . . . . . .   86

Aus: B. B.: Werke. Große kommentierte Berliner und Frankfurter ausgabe. Band 14: Gedichte 4. Gedichte und Gedichtragmente 1928–1939. Frankfurt a. M.: Suhrkamp, 1993. – © Suhrkamp Verlag Frankfurt am Main 1993. Alle Rechte bei und vorbehalten durch Suhrkamp Verlag Berlin AG.

ALFRED BRENDEL  (geb. 1931)

   *Bei Sonnenuntergang* . . . . . . . . . . . . . . . . . .   105

Aus: A. B.: Spiegelbild und schwarzer Spuk. Gesammelte und neue Gedichte. Mit Abb. von Max Neumann, Luis Murschetz, Oskar Pastior und anderen. München: Hanser, 2003. – © 2003 Carl Hanser Verlag GmbH & Co. KG, München.

WILHELM BUSCH  (1832–1908)

   Die Meise. . . . . . . . . . . . . . . . . . . . . . . . .   78
   Der Wetterhahn . . . . . . . . . . . . . . . . . . . . .   103

Aus: W. B.: Werke. Hist.-krit. Gesamtausgabe. Bearb. und hrsg. von Friedrich Bohne. 4 Bde. Wiesbaden/Berlin: Vollmer, 1960. Bd. 4.

CHRISTINE BUSTA  (1915–1987)

   (1) Die Krähenuhr. . . . . . . . . . . . . . . . . . . . .   31
   (2) Großstadtvögel. . . . . . . . . . . . . . . . . . . .   49
   (3) Die Möwe . . . . . . . . . . . . . . . . . . . . . . .   85

(1, 3) Aus: Ch. B.: Unterwegs zu älteren Feuern. Gedichte. Salz-
burg: Müller, ³1995. (1, 3) – © Otto Müller Verlag, 3. Auflage,
Salzburg 1995.
(2) Aus: Ch. B.: Salzgärten. Gedichte. Salzburg: Müller, ²1997. (2) –
© Otto Müller Verlag, 2. Auflage, Salzburg 1997.

RICHARD DEHMEL   (1863–1920)

Der Stieglitz . . . . . . . . . . . . . . . . . . . . . . . . .   32

Aus: R. D.: Gesammelte Werke in zehn Bänden. Bd. 3. Berlin: S.
Fischer, 1907.

ANNETTE VON DROSTE-HÜLSHOFF   (1797–1848)

Die Lerche . . . . . . . . . . . . . . . . . . . . . . . .   28

Aus: A. v. D.-H.: Werke in einem Band. Hrsg. von Christian He-
selhaus. München/Wien: Hanser, 1984.

ALBERT EHRENSTEIN   (1886–1950)

Der Wildschwan . . . . . . . . . . . . . . . . . . . . .   60

Aus: A. E.: Werke. Hrsg. von Hanni Mittelmann. Bd. 4/1: Gedich-
te. München: Boer, 1997.

ERICH FRIED   (1921–1988)

(1) Zwei Vögel [*Aus:* Höre, Israel!] . . . . . . . . . . . .   75
(2) Diese Tauben . . . . . . . . . . . . . . . . . . . . . .   93

(1) Aus: E. F.: Gesammelte Werke. Hrsg. von Volker Kankoreit
und Klaus Wagenbach. Bd. 2: Gedichte 2. Berlin: Wagenbach,
1993. – © 1993 Verlag Klaus Wagenbach, Berlin.
(2) Aus: E. F.: Das Nahe suchen. Berlin: Wagenbach, 1982. –
© 1982 Verlag Klaus Wagenbach, Berlin.

GERHARD FRITSCH   (1924–1969)

Das Gedächtnis der Krähen . . . . . . . . . . . . . . . . .   34

Aus: G. F.: Gesammelte Gedichte. Hrsg. von Reinhard Urbach.
Salzburg: Müller, ²1994. – © Otto Müller Verlag, 2. Auflage, Salz-
burg 1994.


CHRISTIAN FÜRCHTEGOTT GELLERT   (1715–1769)

Die Nachtigall und die Lerche . . . . . . . . . . . . . . .   61

Aus: Ch. F. G.: Fabeln und Erzählungen. Hrsg. von Karl-Heinz
Fallbacher. Stuttgart: Reclam, 1986. (Reclams Universal-Biblio-
thek. 161.)


IDA GERHARDT   (1905–1997)

Die Abweisung [Übers. von Maria Csollány]. . . . . . . .   91

Aus: Unbekannte Nähe. Moderne niederländische Lyrik bis 1980.
Ausgew. und übers. von Hans Theo Asbeck [u. a.]. Straelen: Strae-
lener Manuskripte Verlag, 1985.


JOHANN WILHELM LUDWIG GLEIM   (1719–1803)

(1) An die Schwalbe . . . . . . . . . . . . . . . . . . . . .   38
(2) Der Sperber und die Lerche . . . . . . . . . . . . . .   63

Aus: Anakreontiker und preußisch-patriotische Lyriker. Zwei Tle.
in einem Bde. Hrsg. von Franz Muncker. Stuttgart: Union Deut-
sche Verlagsgesellschaft, 1894. [Die Orthographie wurde behutsam
modernisiert.]


JOHANN WOLFGANG GOETHE   (1749–1832)

Frühlingsorakel . . . . . . . . . . . . . . . . . . . . . . .   35

Aus: J. W. G.: Sämtliche Werke. (Artemis-Gedenkausgabe.) Hrsg.
von Ernst Beutler. Bd. 1: Sämtliche Gedichte. Tl. 1: Die Gedichte
der Ausgabe letzter Hand. Zürich: Artemis, ²1961.

YVAN GOLL   (d. i. Isaac Lang; 1891–1950)

Die Kanarienvögel. . . . . . . . . . . . . . . . . . . . . .   33

Aus: I. G.: Die Lyrik in 4 Bänden. Bd. 1: Frühe Gedichte. 1906–1930. Hrsg. und komm. von Barbara Glauert-Hesse im Auftrag der Fondation Yvan et Claire Goll Saint-Dié-des Vosges. Berlin: Argon, 1996.

GÜNTER GRASS   (1927–2015)

Die Vogelscheuchen . . . . . . . . . . . . . . . . . . . .   104

Aus: G. G.: Gedichte und Kurzprosa I. Neue Göttinger Ausgabe. Göttingen: Steidl, 2020. – © Steidl Verlag, Göttingen 2020. © Günter und Ute Grass Stiftung, Lübeck 2020

ANASTASIUS GRÜN   (1806–1876)

Hochzeit der Vögel . . . . . . . . . . . . . . . . . . . .   72

Aus: A. G.: Gesammelte Werke. Hrsg. von Ludwig August Frankl. Bd. 1. Berlin: Grote, 1877.

FRIEDRICH HEBBEL   (1813–1863)

Der arme Vogel . . . . . . . . . . . . . . . . . . . . . .   83

Aus: F. H.: Sämtliche Werke in zwölf Bänden. Hrsg. und eingel. von Adolf Stern. Bd. 7. Berlin/Leipzig: Knaur, [1902].

HEINRICH HEINE   (1797–1856)

*Ich steh auf des Berges Spitze*. . . . . . . . . . . . . . .   84

Aus: H. H.: Gedichte. Hrsg. von Bernd Kortländer. Stuttgart: Reclam, 2005. (Reclams Universal-Bibliothek. 18437.)

RICARDA HUCH  (1864–1947)

(1) *Ein klein Vöglein wär' ich gern*. . . . . . . . . . . . .  85
(2) *Die Geier mästen sich* . . . . . . . . . . . . . . . . . .  99

Aus: R. H.: Gesammelte Werke. Bd. 5: Gedichte, Dramen, Reden, Aufsätze und andere Schriften. Köln/Berlin: Kiepenheuer & Witsch, 1971.

ERNST JANDL  (1925–2000)

(1) eulen . . . . . . . . . . . . . . . . . . . . . . . . . .  73
(2) der wahre vogel . . . . . . . . . . . . . . . . . . . .  80
(3) vogelgott . . . . . . . . . . . . . . . . . . . . . . . .  107

Aus: E. J.: Werke in 6 Bänden. Hrsg. von Klaus Siblewski. München: Luchterhand, 2016. – © 2016 Luchterhand Literaturverlag, München, in der Verlagsgruppe Random House GmbH.

ERICH KÄSTNER  (1899–1974)

Der Pechvogel . . . . . . . . . . . . . . . . . . . . . . .  99

Aus: E. K.: Die kleine Freiheit. Chansons und Prosa. Frankfurt a. M.: Fischer, 1964. – © Atrium Verlag, Zürich 1952, und Thomas Kästner.

MASCHA KALÉKO  (1907–1975)

(1) Der Schwan . . . . . . . . . . . . . . . . . . . . . . .  68
(2) Kaka»du« und Kaka»Sie«. . . . . . . . . . . . . . . .  71

Aus: M. K.: Die paar leuchtenden Jahre. Mit einem Essay von Horst Krüger. Hrsg. und eingel. von Gisela Zoch-Westphal. München: Deutscher Taschenbuch Verlag, 2003. – © 2003 Deutscher Taschenbuch Verlag, München.

NORBERT C. KASER   (1947–1978)

der hahn . . . . . . . . . . . . . . . . . . . . . .   31

Aus: N. K.: Gesammelte Werke. In Verb. mit dem Forschungsinst. Brenner-Archiv an der Univ. Innsbruck hrsg. von Hans Haider. Bd. 1: Gedichte. Bearb. von Sigurd Paul Scheichl. Innsbruck: Haymon, 1988. – © 1988 Haymon-Verlag, Innsbruck und Wien.

SARAH KIRSCH   (1935–2013)

(1) Raben . . . . . . . . . . . . . . . . . . . . . .   59
(2) Die Vögel singen im Regen am schönsten . . . . . . .   68

Aus: S. K.: Sämtliche Gedichte. München: Deutsche Verlags-Anstalt, 2005. – © 2005 Deutsche Verlags-Anstalt, München, in der Penguin Random House Verlagsgruppe GmbH.

KLABUND   (d. i. Alfred Henschke; 1890–1928)

Der Kiebitz . . . . . . . . . . . . . . . . . . . . .   106

Aus: K.: Gesammelte Gedichte. Lyrik, Balladen, Chanson. Wien: Phaidon Verlag, 1930.

THOMAS KLING   (1957–2005)

falknerei . . . . . . . . . . . . . . . . . . . . . .   82

Aus: Th. K.: morsch. Gedichte. Frankfurt a. M.: Suhrkamp, 1996. – © Suhrkamp Verlag Frankfurt am Main 1996. Alle Rechte bei und vorbehalten durch Suhrkamp Verlag Berlin AG.

HERTHA KRÄFTNER   (1928–1951)

*Im Amselruf vergeht der Tag* . . . . . . . . . . . . . .   34

Aus: H. K.: Kühle Sterne. Gedichte, Prosa, Briefe. Aus dem Nachlaß hrsg. (in alphabet. Reihenfolge) von Gerhard Altmann und Max Blaeulich. Mit zwei Nachw. Klagenfurt/Salzburg: Wieser, 1997.

KARL KRAUS  (1874–1936)

»Alle Vögel sind schon da«. . . . . . . . . . . . . . . .  36
Die Vogelstadt . . . . . . . . . . . . . . . . . . . . . .  49

Aus: K. K.: Werke. Hrsg. von Heinrich Fischer. Bd. 7: Worte in
Versen. München: Kösel, 1959.

GEORG KREISLER  (1922–2011)

Gehn wir Tauben vergiften! . . . . . . . . . . . . . . . .  51

Aus: G. K.: Ich hab ka Lust. Seltsame, makabre und grimmige Ge-
sänge. Berlin: Henschelverlag, 1980. – Mit Genehmigung von Bar-
bara Kreisler, Salzburg.

VOLKER KRIEGEL  (1943–2003)

Elefantenmeise, Papageienhund, Vogelbär. . . . . . . . . .  111

Aus: V. K.: Wie sich das nackte Schaf mal schwer gehenließ und
andere Absonderlichkeiten aus dem Tierreich. Mit einem aber
auch alles erklärenden Vorwort von Robert Gernhardt. Zürich:
Kein & Aber, 2005. – © 2005 by Kein & Aber AG, Zürich.

GÜNTER KUNERT  (1929–2019)

Unterwegs nach Utopia I . . . . . . . . . . . . . . . . .  95

Aus: G. K.: Unterwegs nach Utopia. Gedichte. München/Wien:
Hanser, 1977. – © 1977 Carl Hanser Verlag GmbH & Co. KG,
München.

REINER KUNZE  (geb. 1933)

Junge Hähne . . . . . . . . . . . . . . . . . . . . . . .  65

Aus: R. K.: auf eigene hoffnung. gedichte. Frankfurt a.M.: S. Fi-
scher, 1981. – © 2024 S. Fischer Verlag GmbH, Frankfurt am Main.

CHRISTINE LAVANT   (1915–1973)

*Schneevögel betten in ihrem Gefieder* . . . . . . . . . . .   43

Aus: Ch. L.: Zu Lebzeiten veröffentlichte Gedichte. Werke in vier
Bänden. Bd. 1. Hrsg. und mit einem Nachwort von Doris Moser
und Fabjan Hafner. Göttingen: Wallstein Verlag, 2014. – © Wall-
stein Verlag, Göttingen 2014.


NIKOLAUS LENAU   (1802–1850)

Der Kranich . . . . . . . . . . . . . . . . . . . . . . . .   39
Im Frühling . . . . . . . . . . . . . . . . . . . . . . . .   87

Aus: N. L.: Gedichte. Hrsg. von Hartmut Steinecke. Stuttgart:
Reclam, 1993. (Reclams Universal-Bibliothek. 1449.)


MICHAEL LENTZ   (geb. 1964)

alles dasein ist ein vogel . . . . . . . . . . . . . . . . . .   108

Aus: M. L.: Aller Ding. Gedichte. Frankfurt a.M.: S. Fischer,
2003. – © 2024 S. Fischer Verlag GmbH, Frankfurt am Main.


GOTTHOLD EPHRAIM LESSING   (1729–1781)

Die Ente . . . . . . . . . . . . . . . . . . . . . . . . . .   54

Aus: G. E. L.: Sämtliche Gedichte. Hrsg. von Gunter E. Grimm.
Stuttgart: Reclam, 1987. (Reclams Universal-Bibliothek. 28.)


PAULA LUDWIG   (1900–1974)

*Wehe aber dem Vogel* [*Aus:* Liebende. Nr. 5] . . . . . . . .   41
*Wer fängt die wilde Taube* . . . . . . . . . . . . . . . . .   89
An einen Dichter . . . . . . . . . . . . . . . . . . . . . .   97

Aus: P. L.: Gedichte. Gesamtausgabe. Hrsg. von Kristian Wachin-
ger und Christian Peter. Ebenhausen: Langewiesche-Brandt,
1986. – © 1986 Verlag Langewiesche-Brandt, Ebenhausen bei
München.

## FRIEDERIKE MAYRÖCKER (1924–2021)

die Vogel Kutsche . . . . . . . . . . . . . . . . . . . . . . 57
auf eine jüngst gestorbene Nachtigall . . . . . . . . . . . 67

Aus: F. M.: Gesammelte Gedichte. 1939–2003. Hrsg. von Marcel Beyer. Frankfurt a. M.: Suhrkamp, 2004. – © Suhrkamp Verlag Frankfurt am Main 2004. Alle Rechte bei und vorbehalten durch Suhrkamp Verlag Berlin AG.

## EDUARD MÖRIKE (1804–1875)

Ein Stündlein wohl vor Tag. . . . . . . . . . . . . . . . 27
Vogellied . . . . . . . . . . . . . . . . . . . . . . . . . 44
Storchenbotschaft . . . . . . . . . . . . . . . . . . . . . 94

Aus: E. M.: Sämtliche Werke in zwei Bänden. Red. Jost Perfahl. Mit einem Nachw. von Benno von Wiese sowie Anm., Zeittafel und Bibliogr. von Helga Unger. Bd. 1. München: Winkler, 1967.

## CHRISTIAN MORGENSTERN (1871–1914)

Der Großstadtbahnhoftauber. . . . . . . . . . . . . . . 50
Der Papagei . . . . . . . . . . . . . . . . . . . . . . . 77
Der Rauchvogel . . . . . . . . . . . . . . . . . . . . . . 106

Aus: Ch. M.: Gesammelte Werke in einem Band. Hrsg. von Margareta Morgenstern. München: Piper, 1965.

## FRIEDRICH NIETZSCHE (1844–1900)

Vereinsamt . . . . . . . . . . . . . . . . . . . . . . . . 52

Aus: F. N.: Gedichte. Mit einem Nachw. hrsg. von Jost Hermand. Stuttgart: Reclam, 1964 [u. ö.]. (Reclams Universal-Bibliothek. 7117.)

HELGA M. NOVAK   (1935–2013)

(1) trauert der Schwan. . . . . . . . . . . . . . . . . .   74
(2) kann nicht steigen nicht fallen . . . . . . . . . . . .   90

(1) Aus: H. M. N.: wo ich jetzt bin. Gedichte. Ausgew. von Michael Lentz. Frankfurt a. M.: Schöffling, 2005. – © Schöffling & Co. Verlagsbuchhandlung GmbH, Frankfurt am Main 1997, 1999, 2005.
(2) Aus: H. M. N.: Margarete mit dem Schrank. Gedichte. Berlin: Rotbuch, 1978.

RAINER MARIA RILKE   (1875–1926)

Die Flamingos . . . . . . . . . . . . . . . . . . . . . . .   55

Aus: R. M. R.: Gedichte. Ausw. und Nachw. von Dietrich Bode. Stuttgart: Reclam, 1997. (Reclams Universal-Bibliothek. 9623.)

JOACHIM RINGELNATZ   (d. i. Hans Bötticher; 1883–1934)

(1) Pinguine . . . . . . . . . . . . . . . . . . . . . . . .   56
(2) Aus der Vogelkunde. . . . . . . . . . . . . . . . . . .   101

Aus: J. R.: Gesamtwerk in sieben Bänden. Hrsg. von Walter Pape. Zürich: Diogenes, 1994. Bd. 2: Gedichte 2. (1) – Ebd. Bd. 1: Gedichte 1. (2)

FRIEDRICH RÜCKERT   (1788–1866)

(1) Kleiner Haushalt. . . . . . . . . . . . . . . . . . . .   46
(2) *Der Drossel Schlag*. . . . . . . . . . . . . . . . . .   65
(3) Aus der Jugendzeit . . . . . . . . . . . . . . . . . .   96

(1, 3) Aus: F. R.: Gedichte. Hrsg. von Walter Schmitz. Stuttgart: Reclam, 1988. (Reclams Universal-Bibliothek. 3672.)
(2) Aus: F. R.: Gesammelte poetische Werke in zwölf Bänden. Bd. 2. Frankfurt a. M.: Sauerländer, 1868.

FERDINAND VON SAAR   (1833–1906)

Die Lerche . . . . . . . . . . . . . . . . . . . . . . . . . .   62

Aus: F. v. S.: Auswahl aus dem lyrischen Werk. Bd. 4: Wiener Elegien und Gedichte. Wien: Amandus-Verlag, 1962.


EMANUEL SCHIKANEDER   (d. i. Johann Joseph Schickeneder; 1751–1812)

*Der Vogelfänger bin ich ja* . . . . . . . . . . . . . . . . .   81

Aus: Wolfgang Amadeus Mozart: Sämtliche Opernlibretti. Hrsg. von Rudolph Angermüller. Stuttgart: Reclam, 1990. (Reclams Universal-Bibliothek. 8659.)


KURT SCHWITTERS   (1887–1948)

Zwölf Stunden kleines Vogelleben . . . . . . . . . . . . .   70

Aus: K. Sch. Das literarische Werk. Gesamtausgabe. Hrsg. von Friedhelm Lach. Bd. 1: Lyrik. Köln: DuMont, 1998.


JOHANN GABRIEL SEIDL   (1804–1875)

Die Taubenpost . . . . . . . . . . . . . . . . . . . . . . .   87

Aus: J. G. S.: Gesammelte Schriften. Hrsg. von Hans Max. Bd. 4: Almer. Natur und Herz. Wien: Braumüller, 1879. [Die Orthographie wurde behutsam modernisiert.]

## THEODOR STORM (1817–1888)

(1) Herbst . . . . . . . . . . . . . . . . . . . . . . . .    41
(2) Die Nachtigall . . . . . . . . . . . . . . . . . . . .    64

(1) Aus: Th. St.: Sämtliche Werke in 4 Bänden. Hrsg. von Peter Goldammer. Bd. 1: Gedichte, Märchen und Spukgeschichten, Novellen. Berlin/Weimar: Aufbau-Verlag, ⁵1982.
(2) Aus: Th. St.: Gedichte. Auswahl. Hrsg. von Gunter Grimm. Stuttgart: Reclam, 1978 [u. ö.]. (Reclams Universal-Bibliothek. 6080.)

## GEORG TRAKL (1887–1914)

Gesang einer gefangenen Amsel . . . . . . . . . . . . . .    82

Aus: G. T.: Werke, Entwürfe, Briefe. Hrsg. von Hans-Georg Kemper und Frank Rainer Max. Nachw. und Bibliogr. von H.-G. K. Stuttgart: Reclam, 1984 [u. ö.]. (Reclams Universal-Bibliothek. 8251.)

## ANTON WILDGANS (1881–1932)

Das Nest . . . . . . . . . . . . . . . . . . . . . . . . .    45

Aus: A. W.: Gesammelte Werke. Bd. 1. Leipzig: Staackmann, 1930.

Der Verlag Philipp Reclam jun. dankt für die Nachdruck- und Reproduktionsgenehmigung den Rechteinhabern, die durch den Quellennachweis und einen folgenden Genehmigungs- oder Copyrightvermerk bezeichnet sind. In einem Fall war der Inhaber der Rechte nicht festzustellen; hier ist der Verlag bereit, nach Anforderung rechtmäßige Ansprüche abzugelten.

# Verzeichnis der
## Gedichtüberschriften und -anfänge

»Alle Vögel sind schon da« (Kraus) . . . . . . . . . . . . . 36
alles dasein ist ein vogel (Lentz) . . . . . . . . . . . . . . 108
An die Schwalbe (Gleim) . . . . . . . . . . . . . . . . . . 38
An einen Dichter (Ludwig) . . . . . . . . . . . . . . . . . 97
*An ihren bunten Liedern klettert* (Lenau) . . . . . . . . . . 87
*Auch die Pinguine ratschen, tratschen* (Ringelnatz) . . . . . 56
*Auch unser Papageienhund* (Kriegel) . . . . . . . . . . . . 112
auf eine jüngst gestorbene Nachtigall (Mayröcker) . . . . . . 67
*Auguste, wie fast jede Nichte* (Busch) . . . . . . . . . . . . 78
*Aus dem hohen Schornstein wolkt ein Vogel* (Morgenstern) . 106
Aus der Jugendzeit (Rückert) . . . . . . . . . . . . . . . . 96
*Aus der Jugendzeit, aus der Jugendzeit* (Rückert) . . . . . . 96
Aus der Vogelkunde (Ringelnatz). . . . . . . . . . . . . . . 101
*Aus Libyen kamen plötzlich brausend* (Kraus). . . . . . . . 49

Ballade vom preußischen Ikarus (Biermann). . . . . . . . . 102
*Bei Sonnenuntergang* (Brendel) . . . . . . . . . . . . . . . 105
*bist eulen* (Jandl) . . . . . . . . . . . . . . . . . . . . . . 73

*Da, wo die Friedrichstraße sacht* (Biermann). . . . . . . . . 102
Das Federspiel, A. B. C. mit Flügeln (Anonym) . . . . . . . 17
Das Gedächtnis der Krähen (Fritsch). . . . . . . . . . . . . 34
*Das macht, es hat die Nachtigall* (Storm) . . . . . . . . . . 64
Das Nest (Wildgans) . . . . . . . . . . . . . . . . . . . . . 45
*Das Zimmer schweigt und vor dem Fenster* (Kraus) . . . . 36
Der Adler (Bobrowski) . . . . . . . . . . . . . . . . . . . . 58
Der arme Vogel (Hebbel) . . . . . . . . . . . . . . . . . . 83
*Der Drossel Schlag* (Rückert) . . . . . . . . . . . . . . . . 65
Der Großstadtbahnhoftauber (Morgenstern) . . . . . . . . . 50
*Der Großstadtbahnhoftauber pickt* (Morgenstern) . . . . . . 50
der hahn (Kaser) . . . . . . . . . . . . . . . . . . . . . . . 31
Der Kiebitz (Klabund). . . . . . . . . . . . . . . . . . . . . 106
Der Kranich (Lenau). . . . . . . . . . . . . . . . . . . . . . 39
*Der Kuckuck im Laub* (Ausländer) . . . . . . . . . . . . . 37
Der Kuckuck zaubert (Ausländer) . . . . . . . . . . . . . . 37

Der Papagei (Morgenstern) . . . . . . . . . . . . . . . . . 77
Der Pechvogel (Kästner) . . . . . . . . . . . . . . . . . . 99
Der Rauchvogel (Morgenstern) . . . . . . . . . . . . . . 106
Der Schwan (Kaléko) . . . . . . . . . . . . . . . . . . . . 68
Der Schwan, wenn er sein Ende ahnt (Kaléko) . . . . . . 68
Der Sperber und die Lerche (Gleim) . . . . . . . . . . . 63
Der Stieglitz (Dehmel) . . . . . . . . . . . . . . . . . . . 32
Der Vogel (Ausländer) . . . . . . . . . . . . . . . . . . . 78
Der Vogelfänger bin ich ja (Schikaneder) . . . . . . . . 81
der wahre vogel (Jandl) . . . . . . . . . . . . . . . . . . 80
Der Wetterhahn (Busch) . . . . . . . . . . . . . . . . . 103
Der Wildschwan (Ehrenstein) . . . . . . . . . . . . . . . 60
Derweil ich schlafend lag (Mörike) . . . . . . . . . . . . 27
Des Schäfers sein Haus (Mörike) . . . . . . . . . . . . . 94
Die Abweisung (Gerhardt) . . . . . . . . . . . . . . . . . 91
Die Bäume in diesen windzerblasenen (Kirsch) . . . . . . 59
die dohle ist ein vogel auch (Lentz) . . . . . . . . . . . 108
Die Ente (Lessing) . . . . . . . . . . . . . . . . . . . . . 54
Die Flamingos (Rilke) . . . . . . . . . . . . . . . . . . . 55
Die Geier mästen sich (Huch) . . . . . . . . . . . . . . . 99
Die Kanarienvögel (Goll) . . . . . . . . . . . . . . . . . 33
Die kleine Lerche sah den blauen Himmel an (Gleim) . . . . 63
Die Krähen schrein (Nietzsche) . . . . . . . . . . . . . . 52
Die Krähenuhr (Busta) . . . . . . . . . . . . . . . . . . . 31
Die Lerche (Droste-Hülshoff) . . . . . . . . . . . . . . . 28
Die Lerche (v. Saar) . . . . . . . . . . . . . . . . . . . . 62
Die Luft besitzt der junge Vogel (Ehrenstein) . . . . . . 60
Die Meise (Busch) . . . . . . . . . . . . . . . . . . . . . 78
Die Möwe (Busta) . . . . . . . . . . . . . . . . . . . . . 85
Die Nachtigall (Storm) . . . . . . . . . . . . . . . . . . . 64
Die Nachtigall sang einst mit vieler Kunst (Gellert) . . . . . 61
Die Nachtigall und die Lerche (Gellert) . . . . . . . . . 61
Die Sonne sticht (Dehmel) . . . . . . . . . . . . . . . . . 32
Die Tauben (Ausländer) . . . . . . . . . . . . . . . . . . 92
Die Taubenpost (Seidl) . . . . . . . . . . . . . . . . . . . 87
Die Traurigsten des Sonntagnachmittags, die Kanarienvögel
    (Goll) . . . . . . . . . . . . . . . . . . . . . . . . . . 33
Die Vögel singen im Regen am schönsten (Kirsch) . . . . . 68
die Vogel Kutsche (Mayröcker) . . . . . . . . . . . . . . 57
Die Vogelscheuchen (Grass) . . . . . . . . . . . . . . . 104
Die Vogelstadt (Kraus) . . . . . . . . . . . . . . . . . . . 49

*Die Welt, die ähnelt, Sie verzeihn* (Kästner) . . . . . . . . 99
Diese Tauben (Fried). . . . . . . . . . . . . . . . . 93
*Du prophetscher Vogel du* (Goethe) . . . . . . . . 35
*Dunkler Odem im grünen Gezweig* (Trakl) . . . . . . . . . . 82

*Ein klein Vöglein wär' ich gern* (Huch) . . . . . . . . 85
*Ein schwerverliebter Kakadu* (Kaléko) . . . . . . . . 71
Ein Stündlein wohl vor Tag (Mörike) . . . . . . . . 27
*eine geöffnete faust der himmel* (Kling) . . . . . . . . 82
*einem Schwan kam die Gefährtin abhanden* (Novak) . . . . 74
*Einen Haushalt klein und fein* (Rückert). . . . . . . . 46
*Engel schlummern in ihnen* (Ausländer) . . . . . . . . 92
*Ente, wahres Bild von mir* (Lessing) . . . . . . . . 54
*Es geht wohl immer einer neben dir* (Klabund) . . . . . . 106
*Es ist eins* (Schwitters) . . . . . . . . . . . . . . . 70
*Es ist zwar sonsten nicht der Brauch* (Mörike). . . . . . . 44
*Es sitzt im Käfig ein Vogel* (Hebbel) . . . . . . . . 83
*Es war einmal ein Papagei* (Morgenstern) . . . . . . . . 77
*Es war einmal ein Rabe* (Brecht) . . . . . . . . 66
eulen (Jandl) . . . . . . . . . . . . . . . . . . . 73

falknerei (Kling) . . . . . . . . . . . . . . . . . . 82
*fang eine liebe amsel ein* (Jandl). . . . . . . . . . 80
*Friedenstaubenplage?* (Fried) . . . . . . . . . . . . 93
Frühlingsorakel (Goethe) . . . . . . . . . . . . . . . 35

Gehn wir Tauben vergiften! (Kreisler) . . . . . . . 51
Gesang einer gefangenen Amsel (Trakl) . . . . . . . . 82
Großstadtvögel (Busta) . . . . . . . . . . . . . . . . 49

Herbst (Storm) . . . . . . . . . . . . . . . . . . . 41
Hochzeit der Vögel (Grün) . . . . . . . . . . . . . . 72
*Hörst du der Nacht gespornten Wächter nicht?*
(Droste-Hülshoff) . . . . . . . . . . . . . . . . 28

*Ich hab eine Brieftaub in meinem Sold* (Seidl). . . . . . . . 87
*Ich schreibe mit der Rabenfeder* (Gerhardt) . . . . . . . . 91
*Ich spreche von Flugmaschinen* (Ringelnatz). . . . . . . 101
*Ich steh auf des Berges Spitze* (Heine) . . . . . . . . 84
*Ich weiß nicht, ob man Erde kaufen kann* (Grass) . . . . . 104
*Im Amselruf vergeht der Tag* (Kräftner) . . . . . . . . . 34

129

Im Frühling (Lenau) . . . . . . . . . . . . . . . . . . . . . . . . . 87
*Im kahlen Rosenstrauche hängt ein Nest* (Wildgans) . . . . . 45
*Immer folgt mir die Liebe* (Busta) . . . . . . . . . . . . . . . . 85
*In ihren kehlen tragen sie* (Kunze) . . . . . . . . . . . . . . . 65
*In Spiegelbildern wie von Fragonard* (Rilke) . . . . . . . . . 55

*ja ich glaube daß gott* (Jandl) . . . . . . . . . . . . . . . . . . 107
Junge Hähne (Kunze) . . . . . . . . . . . . . . . . . . . . . . . . 65

Kaka»du« und Kaka»Sie« (Kaléko) . . . . . . . . . . . . . . . 71
kann nicht steigen nicht fallen (Novak) . . . . . . . . . . . . . 90
Kleiner Haushalt (Rückert) . . . . . . . . . . . . . . . . . . . . . 46

*Lang schon vermiß ich über den Dächern* (Busta) . . . . . . 49
*Liebe Kleine, kommst du wieder* (Gleim) . . . . . . . . . . . 38

*Mit gebreiteten Schwingen* (Bobrowski) . . . . . . . . . . . . 58
*Mit leisem Flügelschlag* (Ausländer) . . . . . . . . . . . . . . 78

*Noch eh es Tag wird fällt Regen* (Kirsch) . . . . . . . . . . . 68

Pinguine (Ringelnatz) . . . . . . . . . . . . . . . . . . . . . . . . 56

Raben (Kirsch) . . . . . . . . . . . . . . . . . . . . . . . . . . . . 59

*Schatz, das Wetter ist wunderschön* (Kreisler) . . . . . . . . 51
*Schneevögel betten in ihrem Gefieder* (Lavant) . . . . . . . 43
*Schon ins Land der Pyramiden* (Storm) . . . . . . . . . . . . 41
*sie hat kein Lied mehr gehabt* (Mayröcker) . . . . . . . . . . 67
*Sie kommen jeden Abend aus jeder Landschaft* (Fritsch) . . . 34
*Sieh jene Kraniche in großem Bogen!* (Brecht) . . . . . . . . 86
*sieht so aus als hätte ich das Fliegen verlernt* (Novak) . . . 90
*Sogar die Elefantenmeise* (Kriegel) . . . . . . . . . . . . . . . 111
*Stoppelfeld, die Wälder leer* (Lenau) . . . . . . . . . . . . . . 39
Storchenbotschaft (Mörike) . . . . . . . . . . . . . . . . . . . . . 94
*Strahlend im heitersten Blau steht die Sonne* (v. Saar) . . . 62

Terzinen über die Liebe (Brecht) . . . . . . . . . . . . . . . . . 86
trauert der Schwan (Novak) . . . . . . . . . . . . . . . . . . . . 74

Unterwegs nach Utopia I (Kunert) . . . . . . . . . . . . . . . . 95

Vereinsamt (Nietzsche) . . . . . . . . . . . . . . . . . .  52
*Vögel: fliegende Tiere* (Kunert) . . . . . . . . . . . . . .  95
*Vögel Hochzeit feiern* (Grün) . . . . . . . . . . . . . . .  72
vogelgott (Jandl) . . . . . . . . . . . . . . . . . . . . . . 107
Vogellied (Mörike) . . . . . . . . . . . . . . . . . . . . .  44

*waren es Hühner Kinder Bachstelzen* (Mayröcker) . . . . . .  57
*Wehe aber dem Vogel* (Ludwig) . . . . . . . . . . . . . .  41
*wenn der hahn sich erhebt* (Kaser) . . . . . . . . . . . .  31
*Wenn die Schar der ziehenden Vögel* (Rückert) . . . . . . .  97
*Wer fängt die wilde Taube* (Ludwig) . . . . . . . . . . . .  89
*Wie hat sich sonst so schön der Hahn* (Busch) . . . . . . . 103
*Wohl auf, ihr klein Waldvögelein* (Anonym) . . . . . . . .  17
*Wohllaut verschwistert die nah beieinander wohnen* (Busta) . 31

Zuweilen hat der Vogelbär (Kriegel) . . . . . . . . . . . . . 112
*Zwei Vögel* (Fried) . . . . . . . . . . . . . . . . . . . .  75
*Zwei weiße Vögel* (Fried) . . . . . . . . . . . . . . . . .  75
Zwölf Stunden kleines Vogelleben (Schwitters) . . . . . . . .  70